RICARDINHO

LA MAGIA ACONTECE DONDE HAY DEDICACIÓN

Traducción de Juanjo Berdullas

CÓRNER

Título original: *A magia acontece ande há dedicação*

© 2018, Ricardinho y Oficina do Livro
Publicado en acuerdo especial con Oficina do Livro y The Ella Sher Literary Agency,
www.ellasher.com.

Primera edición: enero de 2019

© de la traducción: 2019, Juanjo Berdullas
© de esta edición: 2019, Roca Editorial de Libros, S.L.
Av. Marquès de l'Argentera 17, pral.
08003 Barcelona
actualidad@rocaeditorial.com
www.rocalibros.com

Impreso por LIBERDÚPLEX, S. L. U.
Sant Llorenç d'Hortons (Barcelona)

ISBN: 978-84-947851-5-3
Depósito legal: B. 26930-2018
Código IBIC: BGS; WSJA

RC85153

Agradecimentos

En primer lugar, quiero darles las gracias a mis padres, porque nunca dejaron de apoyarme. Después a mis hermanos, porque siempre estuvieron ahí.

A mis hijos, porque todo lo que hago es para que ellos se sientan orgullosos de mí.

A mi compañera, por estar a mi lado, en cualquier decisión, y porque, incluso con mis constantes viajes, siempre me recibe con una sonrisa y con amor.

A todos mis entrenadores, de clubes y de la selección, porque me ayudaron a crecer como hombre y como jugador.

A la FPF (Federación Portuguesa de Fútbol Sala), por creer en mí como jugador, capitán y hombre.

Gracias también a todos mis compañeros (actuales y anteriores), porque todos ellos han contribuido, con su grano de arena, a mi crecimiento como jugador, y por haberme ayudado en cada conquista colectiva o individual.

A mis amigos, por estar siempre a mi lado, desde la infancia hasta hoy. A los que no sois amigos de la infancia, también os agradezco que hayáis aparecido en mi camino y hayáis contribuido a mi estabilidad emocional, que me resulta tan necesaria.

A todos mis patrocinadores, en especial a Nike: ya son muchos años y nunca me han abandonado. Confiaron cada vez más en mí y hoy soy, con mucho orgullo, la cara de Nike en el fútbol sala.

Finalmente a ti, Rui da Cruz, por ayudarme a escribir este libro con mis propias palabras. Por hacerme hablar sobre el fútbol sala y acerca de lo que significa Ricardinho en este deporte. Gracias, también, por haberme ayudado a reflejar todos mis logros, paso a paso. Y siempre manteniendo tu amistad y tu profesionalidad.

Gracias al grupo LeYa, por apostar por un libro de fútbol sala, por mí y por mi historia. Gracias a ellos, puedo mostrar al deportista y a la persona que soy. Espero que este libro sirva de inspiración para los que empiezan, así como para los amantes de este deporte.

Puedes alcanzar el éxito vengas de donde vengas. Con trabajo y dedicación, sabiendo escuchar, con suerte y talento, todo es posible.

Introducción

El Arena Stožice, en Liubliana, Eslovenia. Más de diez mil espectadores en las gradas. La final del Campeonato de Europa de fútbol sala. Las selecciones de Portugal y España iban empatando a dos goles cuando me lesioné y tuve que abandonar la cancha. Desde fuera, vi a mis compañeros alzarse con la victoria y conquistar por primera vez un gran título internacional para nuestra selección.

Fue el 10 de febrero de 2018.

Tiempo atrás, durante las conversaciones que mantuvimos para preparar este libro, hablamos de la victoria de la selección portuguesa de fútbol once en la Eurocopa de 2016, tras vencer en aquella final del 10 de julio a Francia, incluso sin el mejor jugador del mundo en el campo: Cristiano Ronaldo se había retirado lesionado tras los primeros minutos del partido. Y yo no me contuve: «Si me dijeran que iba a pasar algo parecido, no me importaría nada lesionarme y que Portugal se proclamara campeona de Europa». El futuro cumplió mi deseo. Ese día, celebré a la pata coja el primer gran triunfo de una selección portuguesa en el fútbol sala. Como hizo Cristiano Ronaldo en Francia. En un deporte colectivo, los éxitos individuales se construyen sobre la base del trabajo en equipo.

Me siento muy orgulloso de la educación que recibí de mis padres.

Gracias a ello, que me permitieron tomar mis propias decisiones y que nunca dejaron de apoyarme cuando algo fue mal, soy lo que soy. También fue gracias a ellos que, tras fichar por el Benfica, me mantuve fiel a mi compromiso cuando los dirigentes del Freixieiro aparecieron en mi casa con una maleta llena de dinero. Pero esa historia la contaré más adelante.

El tiempo me ha enseñado que, aunque puedo tener mis propios problemas, el personaje creado dentro de las cuatro líneas del campo, en ese espacio de 40x20 metros, en partidos de cuarenta minutos, no puede dejar que los demás se den cuenta. Hace tres años, mi padre perdió una pierna después de varias intervenciones quirúrgicas, y nadie supo nada. No tenían por qué saberlo. Lo operaron seis veces en treinta y un días, pero yo nunca dejé que la tristeza que me acompañaba saliera al exterior.

Sé que, por mucho que a veces me cueste, tengo que dirigirme a las personas con una sonrisa. Tengo fans que me siguen desde hace mucho tiempo, con todo tipo de historias personales. Y todos merecen lo mejor de mí. A veces pasa hora y media desde que salgo de los vestuarios del pabellón hasta que entro en el autocar del equipo, en ocasiones a menos de cien metros de distancia. Todo para saludar, felicitar, recibir y prestar atención a los aficionados que me esperan. Muchas veces son aficionados del equipo contrario. Eso es extraordinario.

No siempre es todo tan perfecto. Hay días en que las actitudes y las reacciones de la gente me hacen sufrir. No marcar un gol en un partido en concreto, por ejemplo, puede hacer que la gente sea cruel. El nivel al que he llegado me exige mucho. Y un pequeño fallo puede volverse gigantesco. Ser considerado el mejor del mundo cinco veces (2010, 2014, 2015, 2016 y 2017) conlleva pagar un «precio» muy alto. Pero eso no se puede evitar.

Lo que me gusta es jugar al fútbol sala. Y es el amor por mi deporte lo que me llevó a querer compartir este libro, para que todos podamos beneficiarnos de mi experiencia y de mis vivencias. Para mí, no es más que el vehículo en el que viaja el mensaje que quiero compartir con vosotros. Un mensaje de amistad, dedicación, constancia y sacrificio, pero también de amor y pasión.

Es también un mensaje de agradecimiento para todos aquellos que, de alguna manera, han influido en mi vida o me han acompañado a lo largo de ella (y ya han pasado treinta y dos años). Y es también un mensaje de agradecimiento al fútbol sala, el deporte que me acogió desde mi más tierna infancia.

Por eso, a todos los que sueñen con ser Ricardinho, os mando este abrazo en forma de consejos prácticos, frases y testimonios. Pero, por encima de todo, quiero compartir con vosotros cuáles son mis valores como deportista y como ser humano. El camino para alcanzar el éxito deportivo no es fácil. Pero podéis contar con mi ayuda para intentarlo. ¡Vamos a por ello!

Parte I
MI VIDA

Carolina y el Maestro Zego

A lo largo de nuestra vida, siempre hay momentos y personas que nos ayudan a definir quiénes somos y qué queremos ser. Hay enseñanzas y ejemplos que se nos quedan grabados para siempre: unos para bien; otros, por desgracia, para mal. Crecer también es aprender a aprovechar los buenos, y recordar los malos para no repetirlos. En este libro, me gustaría compartir con vosotros algunos de esos episodios y hablaros de algunas personas que participaron en ellos. El que voy a contar a continuación habla de la importancia de tener buenos líderes y de funcionar con una lógica de grupo. Solos somos siempre menos que acompañados.

Carolina y el Maestro Zego

En mi segunda época en el Gramidense Infante F. C., con quince años y un poco más de físico, ya era uno de los pilares del equipo. En esa época teníamos un grupo excelente, todo como resultado del enorme trabajo que Carolina, la entrenadora, llevó a cabo con todos nosotros.

Es aquí donde entra en escena el Maestro Zego, que en aquel momento estaba colaborando y entrenando al equipo sénior del A. R. Freixieiro. Tuvimos la suerte de que estuviera presente y de que nos viera en la final que jugamos en el Pavilhão do Choradinho, ante el Freixieiro. Al final del partido lo conocimos. Nuestra entrenadora mantuvo una conversación con él. Le dijo que le había gustado bastante nuestro equipo, señaló nuestras virtudes y comentó que había pequeños con un talento natural. Fue la primera conversación entre ellos. Unas charlas de las que acabé participando.

Así fue como el Maestro Zego recuerda ese momento: «Después de un partido del equipo sénior del A. R. Freixieiro, en la cancha de ese querido equipo, una joven se dirigió a mí. Se presentó. Esa fue nuestra primera conversación. Carolina, hoy madre de dos hijos, es una enamorada del deporte, una entrenadora completamente dedicada a los adolescentes y una persona muy preparada. Su equipo juvenil era el que mejores resultados obtenía. Se llamaba Gramidense. En ese contacto inicial, intuí que ella buscaba ayuda técnica y me puse a su disposición por si quería que en alguna ocasión entrenara a sus jugadores. Con una sencilla alegría, me lo agradeció y me dijo que sería de gran ayuda para los jóvenes. Más tarde, esa misma noche, mi amigo Rocha me habló de ella y de un jugador destacado de su equipo. Fue la primera vez que oí el nombre de Ricardinho. "Juega muy bien", me dijo Rocha. Fijamos una fecha y ella vino a buscarme puntualmente. En el trayecto, Carolina me habló de su equipo y destacó en especial a Ricardinho. Como siempre, Rocha tenía razón, pues seguía a todos los jugadores de la ciudad de Oporto con interés. Al llegar a la cancha, pude observar que aquel muchacho del que tan bien hablaban Carolina y Rocha era el más joven de todos y bastante bajito. Al principio, noté dos cosas. La primera, por supuesto, su gran calidad; la segunda, una virtud muy importante: su enorme deseo de ser grande. Cuando pasan los años y ganamos en experiencia, uno es capaz de percibir eso que solo pasa en determinados momentos, que solo se da en ciertas personas».

La entrenadora Carolina y el Maestro Zego se entendieron de maravilla, así que él pasó empezó a entrenarnos de vez en cuando. Compartir su conocimiento también hizo que Carolina aprendiera muchas cosas.

A partir de ese momento, ya nada fue igual. Evolucionamos mucho todos. Aprendimos cosas nuevas y nos tomamos el fútbol sala más en serio. Por ejemplo, antes de la llegada del Maestro Zego, no sabíamos lo que era una «paralela». Empezamos a aprender y a ejecutar jugadas de estrategia, a usar los dos pies para jugar, comenzamos a entrenar ciertos movimientos. Fue una fase de gran aprendizaje y crecimiento para todos.

Como consecuencia directa de esta evolución, hicimos una temporada espectacular. Al final fuimos a jugar un torneo al Pavilhão do Choradinho. Era el campeonato donde el Freixieiro solía ir a «pescar» jóvenes talentos para sus equipos. Hicimos un gran torneo. Al acabar, tanto el Freixieiro como la Fundação Jorge Antunes quisieron contratar a Carolina y a los cuatro o cinco jugadores que conformaban la base del equipo, yo incluido.

Carolina no quería deshacer el equipo: solo aceptaría una oferta para ir a entrenar a un club que aceptara a todos aquellos jugadores. No pidió más que una semana de entrenamientos de prueba. Si no eran suficientemente buenos, podían despedirlos, pero por lo menos tendrían la oportunidad de ir al equipo que la contratara. Y ahí fue donde apareció don José Manuel Leite, del Miramar Futsal Clube, otro histórico del fútbol sala portugués. Aceptó llevarse al equipo al completo. «Carolina, te queremos a ti y a todos tus muchachos», le dijo.

Y ella no se lo pensó ni un instante más: aceptó de inmediato.

Capítulo 1
Cómo es mi día a día

Todos debemos hacer deporte. La actividad deportiva es un factor de desarrollo motriz y de socialización muy importante. Buscar nuestra mejor versión, saber encajar nuestras expectativas y capacidades en la lógica de un equipo, sentirnos bien con nosotros mismos y optar por un estilo de vida saludable. Siempre vale la pena estar activo.

Cuando somos más jóvenes, muchas veces nos atraen muchos deportes, ya sea porque tenemos amigos o familiares que los practican, ya sea porque admiramos a un gran deportista, o simplemente porque nos sentimos bien al practicarlo. Mi consejo es: ¡probad! Siempre hay algo que aprender de un deporte. Creedme: las capacidades y las rutinas que se adquieren en cada deporte pueden sernos útiles en muchos ámbitos.

Siempre estoy muy atento a otros deportes y otras actividades: me inspiran para intentar cosas nuevas en el fútbol sala. Hablaremos de eso más adelante, pero, por ahora, querría reforzar la idea de que todo lo que aprendemos al practicar cualquier deporte nos hace mejores personas. Conocer bien las reglas y las exigencias de un deporte hace que nos guste más y que apreciemos más a sus deportistas. Nos volvemos también mejores espectadores, porque sabemos reconocer el talento de sus campeones.

Podemos probar varios deportes, pero al final suele llegar un momento en que descubrimos aquel que nos hace realmente felices. En mi caso, claro, es el fútbol sala. Y también puede serlo en vuestro caso. Ser bueno en un deporte exige dedicación y talento. Y también necesitamos que alguien nos aconseje y nos oriente.

Yo decidí escribir este libro para ayudar a aquellos que sueñan con ser cracks del fútbol sala. Porque, si yo lo he conseguido, vosotros también podéis lograrlo.

Un día en una semana normal de entrenamiento

9:00
Despertar
Me levanto y cuido
mi higiene personal.

9:40-10:00
Desayuno
Ligero e idéntico todos los días.
Compuesto por una tostada/sándwich
mixto, zumo de naranja y un café solo
para terminar.

10:15
Ida al entrenamiento
Voy en coche; tardo aproximadamente unos
veinte minutos en llegar al pabellón Jorge Garbajosa
(centro de entrenamiento), en Torrejón de Ardoz.

11:00 • Inicio del entrenamiento

12:30 • Fin del entrenamiento

13:30
Almuerzo
Siempre comidas ligeras y acompañadas de ensalada
(variada); de hecho, siempre acompaño las comidas
principales con ensalada. Lo mismo vale para las sopas.

16:00
Merienda (cuando hay doble sesión de entrenamiento)

17:00
Merienda (cuando no hay doble sesión)
Normalmente preparo un sándwich mixto, un zumo
de naranja, un dulce o gelatina y un café expreso.

20:30
Cena
En esta comida (que hago a una hora que no es
habitual en España, donde se cena más tarde)
intento preferiblemente comer pescado,
pero a veces también puede ser carne
(preferentemente, blanca), si hay partido
temprano al día siguiente, a las 13:15
(horario muy habitual en la LNFS,
la liga española de fútbol sala).
Además, la sopa es siempre
una buena opción para
encabezar la comida.

Por encima de todo, el éxito deportivo está ligado a las rutinas de vida y de entrenamiento. Pero también a una alimentación rica, cuidada y bien preparada. Mirad cómo organizo mi día y mis comidas:

Este es el esquema básico. El que me sirve de referencia. Pero sueles tener que adaptarte según los compromisos deportivos. Los días de partido, por ejemplo, desayuno más fuerte, porque no almorzamos a la hora habitual. Esa es también la razón por la que, aunque coma pescado durante toda la semana, la cena de la víspera de partido puede incluir carne (si es posible, blanca, porque tiene menos grasa), para que la comida sea más rica en proteínas. Es raro comer hidratos de carbono en la cena, pero no lo aplico como una regla estricta.

Busco variedad en el tipo de pescado y de carne, pero para prepararlo opto muchas veces por asarlo o hacerlo a la plancha. Cuando como hidratos de carbono, suelo acompañar las comidas con arroz o pasta. Esto, además de las ensaladas, claro. Estas pueden llevar verduras, legumbres y frutos secos. La lechuga, el maíz, el pepino, el tomate, la cebolla, las manzanas y las nueces son imprescindibles. En el caso del pepino, que retarda la digestión y facilita el trabajo del estómago, me gusta, pero no pongo una cantidad excesiva en las ensaladas. En realidad, es algo que ni me hace falta...

Preparo las comidas en función de mi apetito, de lo que me apetece o de lo que necesito en cada momento. Después del entrenamiento, suelo tardar unos cuarenta minutos en llegar a casa. En ese intervalo hablo con Melissa (mi asistenta) para confirmar, cambiar o decidir qué voy a comer para almorzar. Puede que tenga más o menos apetito o que sienta la necesidad de algo más ligero.

Melissa es venezolana y cocina muy bien. Eso es ideal porque pone un toque personal en la preparación de las comidas, que se ajustan a la delicadeza y al cuidado deseables en la alimentación de un deportista.

Me gusta mucho la fruta, sobre todo las fresas, las piñas, las uvas y los plátanos. Siempre hay fruta en el vestuario del Inter Movistar. El plátano, como es rico en magnesio, es indispensable, no solo en la alimentación diaria, sino también en los días de partido. Siempre como la mitad de uno antes del partido; la otra mitad, en el descanso.

En cuanto a los dulces, no soy dado a los excesos, soy más bien disciplinado y me controlo, quizá porque soy consciente de que todas las restricciones en ese aspecto tienen como finalidad hacerme sentir bien. Eso sí, me gusta tomarme de vez en cuando un helado; mis sabores preferidos son la fresa y el chocolate.

Bebo agua en todas las comidas, pero poca. Por el contrario, en los entrenamientos bebo mucho en las pausas: alrededor de 1,5 litros en total. También tomo bebidas energéticas e isotónicas como suplemento.

Hábitos, costumbres y cuidados

Hay una constante adaptación a lo largo de la temporada deportiva, lo que hace que me conozca y que sepa cómo gestionar mis comidas. Existe, claro está, una preocupación constante por saber cómo va a ir el calendario deportivo. En este aspecto, el club trabaja muy bien y nos informa cada vez mejor.

Con esa información como base, gestiono mis comidas con la preocupación constante de mantener un equilibrio entre las obligaciones de un deportista profesional y mis gustos personales y los deseos o las necesidades de mi organismo. Así confecciono los menús de mis comidas principales. Lo fundamental es ir conociendo tu propio organismo, saber cómo evoluciona con el tiempo y conocer qué es lo que pide.

El primer alimento que se toma después del desgaste físico y la pérdida de energía, ya sea después de un entrenamiento o de un partido, se absorbe de una forma más directa (cien por cien), pues nuestro organismo está aún muy activo para recuperar la energía gastada. De ahí mi preocupación por ingerir algo «bueno y nutritivo» en esas ocasiones. Y las sopas y las ensaladas son ideales.

En los periodos previos a las grandes competiciones (y lo hago para sentirme bien), normalmente evito comer cosas que no sean «buenas». En el fondo, se trata de estar concentrado y preparado para lo que viene. Eso incluye estar más ligero de peso. La exigencia aumenta como si se tratara ya de entrar en pretemporada. Es una cosa mía, no necesito que me digan que lo haga. Muchas veces, es la voz de mi conciencia la que me avisa: «No comas eso… No debes comer aquello…».

Siempre me gusta llevar algo en el estómago, un «colchón», para el entrenamiento o el partido. Es muy raro salir a entrenar o a jugar sin nada en el estómago. Ese colchón, por llamarlo así, hace que me sienta bien. Pero tampoco puedo ir muy lleno. Sé que me conozco mejor que nadie. Sé escuchar a mi cuerpo, a mi organismo. Eso me permite saber exactamente lo que necesito y no estar sometido a reglas rígidas que hay que cumplir hasta el extremo o caer en excesos.

Hace tiempo aprendí un lema que no olvido: «Tú eres dueño de tu cuerpo, tú conoces tu cuerpo. Eres adulto y mayor para decidir...». Tienes siempre la última palabra: eres tú quien manda. Aprendí a vivir y a comportarme así con la cultura española, en la que no existe imposición y en la que cada uno es responsable de sus decisiones. Te aconsejan, te ayudan a controlar y ponen todos los medios a disposición de los deportistas para que puedan alcanzar el mejor rendimiento y los mejores resultados. Solo falla quien quiere.

Un buen ejemplo de eso es cómo nos pesan: con regularidad y siempre por «sorpresa». Hay un control efectivo de nuestro peso. Nunca se sabe cuándo va a darse, ni hay una hora o un día fijados (y, por tanto, no es posible alterar el resultado ni los hechos en el momento en que llega la prueba). No ganamos nada engañándonos a nosotros mismos, pues somos los principales beneficiados en ese control. Este sistema sirve, en vista de los resultados, para mejorar lo que ocasionalmente esté mal o aquello que no cause el efecto deseado. La conclusión es sencilla: «No juegues contra el club porque de nada sirve adulterar los resultados».

En el Inter Movistar hay preocupación y cuidado por satisfacer los gustos y las necesidades de cada uno de nosotros con la alimentación, sean los que sean. Un buen ejemplo es uno de mis compañeros, el internacional español Pola, que antes de los partidos toma una comida solo a base de pasta, que se le sirve tanto si estamos en temporada como si estamos en pretemporada.

El club pone todas las condiciones para que nos vayamos adaptando y mejoremos. Al mismo tiempo, poco a poco, nos vamos conociendo a nosotros mismos y sabiendo cuáles son las respuestas de nuestro organismo. Así podemos alcanzar siempre el nivel máximo en la competición y el entrenamiento. Precisamente, ese conocimiento fue lo que me permitió crear mis rutinas. Me gusta tenerlas, sin exagerar ni llevarlas al extremo.

De manera resumida, estas son mis «reglas» la víspera de los partidos:

Normalmente, antes de los partidos, me tomo dos cafés solos, pero de manera que no me dejen una mala sensación en el estómago. El café puede perjudicar el sistema digestivo, ya que, cuando entra en contacto con el estómago, produce ácidos estomacales capaces de dañar las paredes del propio órgano, causando indigestión y acidez.

Partido a primera hora

Cena del día anterior con carne, preferentemente. El día del partido es importante descansar bien y tomar un desayuno algo más contundente, para tener buenas sensaciones y llevar algo en el estómago.

Partido a última hora

Cena del día anterior a base de pescado. El día del partido, siempre hago dos comidas completas, por lo menos.

Además, sé que tomar café con el estómago vacío puede alterar el ciclo circadiano del cuerpo. O sea, el reloj biológico deja de funcionar de manera eficaz, debido a la alteración en los niveles de cortisol, que es la hormona que mantiene el cuerpo alerta y con energía. Siempre tengo cuidado con esto. Sobre todo porque respecto al café me resulta complicado conciliar los gustos personales y las exigencias de un deportista. Por lo demás, creo que me «porto bien». Evito, por ejemplo, las bebidas alcohólicas. Solo la pruebo en alguna fiesta. Siempre sin excesos.

Sin embargo, tomo demasiados cafés. Y sé que, si me paso, podría tener problemas físicos por ello. Sin embargo, por la mañana, incluso los días en que no como demasiado, el café es casi obligatorio para mí. Es una necesidad. En realidad, podría decir que soy «adicto al café». Llego a tomarme cinco o seis al día. ¡Lo necesito!

Por la mañana me tomo algo tan típicamente español como el café con leche; en Portugal se conoce como «galão» (no un café solo). Después del entrenamiento, me gusta tomarme un café solo, como si se tratara de un ritual, pero tampoco es un hábito adquirido o algo inevitable. Puedo hasta no tener ganas o alternar entre el café solo o el café con leche. La necesidad llega, en realidad, después de la comida o de la cena. Entonces me apetece tomar un café solo a la portuguesa.

Entre los varios del día, puede que también me tome un café a media tarde, después de la merienda; el último llega por la noche. Aquí ya depende de cómo me sienta: si estoy bien o si estoy lleno. A veces, me tomó un té como alternativa.

Tomar seis o siete cafés al día exige que tenga cuidado con el azúcar. Si me pusiera el típico sobre de azúcar, sería un exceso. De ahí que controle de manera responsable y equilibrada el consumo y evite poner azúcar en el café. Pero también depende del momento y de la necesidad. Normalmente no me pongo nada de azúcar, pero puedo ponerme un poco o incluso exagerar la dosis.

El café es una bebida que deshidrata. Por lo tanto, puede aumentar la retención de líquidos, ya que el cuerpo retendrá más fluidos para intentar equilibrar los niveles de hidratación. Cualquier persona (más en el caso de un deportista profesional) debe tener cuidado con las bebidas que contienen cafeína, como los refrescos, el té o las bebidas energéticas, pues producen el mismo efecto. Y, por cierto, esto me lleva a una historia que suelo contar cuando hablo de eso de resistir tentaciones.

La tentación de la Coca-Cola

Ya hace tiempo, Melissa preparó un plato que me gustó mucho. Le pedí que me pusiera una Coca-Cola para beber. A veces siento la necesidad de tomarme un vaso. Hace tiempo estuve enganchado, y sé que es muy dañina. Siempre me pongo a prueba (es una constante en mi vida, con todo y para todo). Siempre he luchado para vencer los vicios. Me reto constantemente. Forma parte de mi filosofía de vida.

Por eso, muchas veces, compraba una Coca-Cola y la ponía en la nevera. Siempre que la abría veía la botella, pero nada: ni siquiera tomaba un sorbo. Se quedaba allí hasta estropearse. Un día, mi asistenta llegó a preguntarme: «¿Tiene una botella de Coca-Cola y no la prueba?». A lo que le respondí: «La tengo para saber que puedo vivir con ella, pero sin tocarla». Superé la necesidad y ya no la echo de menos.

Sin embargo, si vienen amigos o invitados a casa, tengo siempre Coca-Cola en la mesa para que se sirvan, en caso de que a alguno le guste o quiera beber. Yo mismo, en caso de que quiera beber, bebo, pero en muy raras ocasiones. Como dije antes, eres tú quien manda. Tú eres el dueño de ti mismo.

Campeonato de la UEFA Futsal Cup (2010)

Antes me referí a personas y momentos que marcan nuestra vida. Para mí, uno de esos momentos, por la intensidad y por el cambio que supuso en mi carrera, fue cuando ganamos la UEFA Futsal Cup con el Benfica. Fue en el año 2010.

El primer trofeo internacional

Recuerdo perfectamente el discurso del presidente del S. L. Benfica, Luís Filipe Vieira, el día de la final de la UEFA Futsal Cup, antes de que saltáramos a la cancha para disputar la gran final. Nuestro entrenador en aquel momento, André Lima, sintió que no hacía falta decir nada más.

¡Fue un día fantástico! Nos enfrentamos de tú a tú a nuestro rival, el poderoso Interviú de Madrid, tricampeón de Europa. Acabamos ganando, ya en la prórroga, con un gol del brasileño Davi (que ya sabía lo que era ser campeón continental), después de recuperar una pelota y de armar un contraataque rápido.

Momentos después, el pabellón vibró de la emoción, que fue del campo a las gradas y viceversa. Sentimos los latidos del corazón hasta el final, cuando se produjo una enorme explosión de alegría: el Benfica era campeón de Europa. Era la primera vez que un equipo portugués conquistaba un trofeo internacional. Ese 25 de abril de 2010 hicimos historia.

En una «batalla» épica, que tuvo que resolverse en la prórroga, fuimos más fuertes, tuvimos más corazón y ganamos 3-2. Fue una fiesta fantástica ante los nueve mil cuatrocientos espectadores que abarrotaron el Altice Arena, un megapabellón vestido de rojo y blanco para recibir la Final Four de la UEFA Futsal Cup.

Mi mejor recuerdo de esa enorme gesta fue que éramos los únicos que mirábamos hacia abajo desde el podio en el que nos entregaron el trofeo. Esa vez nosotros éramos los ganadores. Los momentos que vivimos con los aficionados del Benfica fueron espectaculares. ¡Qué ambientazo! Fue algo único.

Levantar aquel trofeo fue como tocar el cielo. Ganar el campeonato más importante de las competiciones de clubes es algo que no puede explicarse con palabras. Hay que vivirlo.

Y después lo celebramos, junto con nuestras familias y el *staff* técnico. Inolvidable. Nos quedamos sin voz…

Recuerdo también a mi excompañero y entrenador André Lima, que es alguien muy importante en mi carrera. Nuestro respeto mutuo será eterno. Hoy nos separa la distancia, pues André está en China y yo vivo en España, pero siempre que podemos intercambiamos mensajes. Cuando lo necesité, André me aconsejó y me trató como a un hijo o un hermano. Siempre me enseñó que el fútbol sala es bonito y que puede darte mucho, pero también que puedes perder todo lo que te da con mucha facilidad.

A pesar de esta amistad, tras la tan soñada conquista, llegó el «acuerdo» con el presidente Luís Filipe Vieira, ya que yo tenía muchas ganas de salir para probar otra liga, más o menos competitiva, pero con un sueldo muy interesante. En el fondo, quería probarme. No obstante, a pesar de mi deseo de marcharme, no quería dejar al Benfica «en la estacada», pues era el club que me había acogido durante siete años y que me había dado la posibilidad de crecer como deportista. Afortunadamente, todo fue bien. Al final de esa temporada, hice las maletas rumbo a Japón. Fue el inicio de mi carrera en el extranjero.

Capítulo 2
Mi alimentación

La nutrición es un área cada vez más importante en el marco general de los cuidados de la salud, porque evalúa individualmente cada caso para llegar a la definición de la dieta más adecuada para tratar o prevenir dolencias varias. Y si todos debemos preocuparnos por lo que comemos y bebemos, mucho más cuando practicamos una actividad física. En el caso de los deportistas profesionales, la alimentación definida al detalle (cantidad, calidad y composición de las comidas) es un factor importantísimo para optimizar el rendimiento físico.

Los servicios médicos de los grandes clubes ya no pueden pasar sin la contribución de los nutricionistas: los técnicos que estudian, orientan y vigilan la dieta de sus deportistas. En un mundo altamente competitivo en que cualquier detalle puede marcar la diferencia, la nutrición tiene una importancia capital. Está claro que no todo el mundo necesita estar en contacto permanente con su nutricionista. Para el ciudadano medio, unas nociones generales sobre qué puede y qué debe comer bastan para evitar errores graves que pueden desembocar en problemas de salud. En el caso de los deportistas, el escenario es más riguroso: la alimentación deficiente o mal orientada puede hipotecar el trabajo del entrenamiento y, en consecuencia, perjudicar su rendimiento en la competición.

Toda actividad deportiva implica un gasto de energía de forma continuada e intensa en el transcurso de los entrenamientos y de las competiciones. Pero las exigencias son diferentes para cada deporte. Y, dentro de un mismo deporte, las características individuales de cada deportista lo convierten en un caso único. Y es ahí donde entra en juego el conocimiento científico de los especialistas. No basta con tener cuidado con la alimentación para alcanzar el éxito deportivo, pero sin ella nunca llegaremos a ser tan buenos como podríamos ser.

Tras los factores genéticos y de entrenamiento, la alimentación se considera uno de los condicionantes más importantes del rendimiento deportivo de alta competición. Los niveles de actividad física y el modo de vida de los deportistas hacen que aumente su necesidad de nutrientes y de energía, lo que realza aún más el importante papel de la alimentación para permitir que un deportista desarrolle todo su potencial. Una selección de alimentos cuidada y una preparación adecuada en lo que respecta a la cantidad, la calidad y la composición de las comidas contribuyen al éxito deportivo.

Es sabido que el deporte de alto nivel, con sus entrenamientos y la competición, exige un tiempo de recuperación. Y esos procesos también se optimizan a través de una alimentación específica y adecuada del deportista. Por eso, durante el proceso de entrenamiento y en la etapa previa a la competición, se recomienda una alimentación cuidada. Con este apoyo, el deportista está más informado y puede crear sus propias rutinas y reglas. En el fondo, todo depende de nosotros. Si hacemos «burradas» es porque queremos o por negligencia, no porque nos falte información.

Consumo de energía

Hacemos hincapié en la energía consumida, en la selección de nutrientes de los alimentos, en la dieta de entrenamiento y de competición, en la reposición de agua en el organismo, en los suplementos y los potenciadores para mejorar el rendimiento, en las sustancias que pueden retrasar la fatiga, en reducir la grasa corporal, en proporcionar energía al cerebro o en mejorar la fuerza muscular con el aumento de la masa corporal.

Los deportistas necesitan consumir energía
suficiente para mantener el peso
y la composición corporal adecuados.

Satisfacer las necesidades energéticas es una prioridad nutricional para los deportistas. En el caso del fútbol sala, esas necesidades son elevadas, por lo que se debe, por principio, mantener el equilibrio entre la ingesta energética (total de energía ingerida en la alimentación, incluidos los líquidos y los suplementos) y el consumo energético.

Este equilibrio puede calcularse de forma matemática. Se puede determinar el valor que define la cantidad de calorías que el cuerpo necesita en veinticuatro horas para estar en plenitud para desarrollar las actividades diarias y/o durante un ayuno de por lo menos doce horas, sin perjudicar el trabajo de los diferentes órganos. Sin entrar en grandes disquisiciones teóricas (la ecuación es compleja), baste decir que ese cálculo ha de tener en cuenta el nivel de actividad de cada cual. De este modo, se llega a un número (el metabolismo basal o tasa metabólica basal) que puede variar entre 1,2 para las personas sedentarias y 1,9 para quien practica ejercicios intensos diariamente. Y ese número, unido a otros factores (como el peso, la altura, la edad), es el que sustenta el cálculo de las calorías necesarias para cada persona/deportista.

Consumo adecuado de hidratos de carbono

El glucógeno es la principal fuente de energía del cuerpo humano. Puede encontrarse en alimentos como el pan, el arroz, la patata, la pasta y las galletas integrales, como fuente principal; y en los azúcares o en ciertos alimentos con un elevado contendio de azúcar como chicles, chocolates, pasteles, galletas, como fuentes secundarias. El consumo equilibrado y adecuado de hidratos de carbono es importantísimo.

La cantidad de hidratos de carbono recomendada diariamente para un deportista en edad adulta y que practica una actividad como el fútbol sala es de siete a doce gramos por cada kilogramo de peso corporal. Al contrario que las proteínas o las grasas, los hidratos de carbono, siempre que tengamos apetito, deben formar parte de nuestra alimentación, pues son la principal fuente de energía.

Las necesidades proteicas

La proteína desempeña una serie de papeles relevantes en nuestro organismo, pero no es una fuente esencial de energía. Por eso solo se consume en las dos principales comidas: el almuerzo y la cena. Los alimentos ricos en proteínas son el pescado, los huevos y las carnes blancas, que son preferibles a la carne de cerdo o ternera (rojas), porque estas contienen más grasa. Y, de ningún modo, queremos aumentar la grasa que consumimos.

Las principales funciones de las proteínas son:

- construir, reparar y mantener todos los tejidos corporales (músculos);
- asegurar el equilibrio hídrico;
- contribuir al equilibrio ácido-base y permitir la formación de glucosa;
- ser una fuente de energía que potencia la formación de anticuerpos en el sistema inmunitario.

La dosis de proteína recomendada diariamente para un deportista es de 1,2 a 1,4 gramos por cada kilogramo de peso corporal al día en la edad adulta. Se obtiene a través de una alimentación normal. Por ejemplo, con mis setenta kilos, yo solo necesito ochenta gramos al día...

Necesidades hídricas

Estar siempre hidratado es una condición necesaria para la actividad deportiva. Los deportistas deben hidratarse antes, durante y después de la actividad física, ya sea en los entrenamientos o en los partidos. La deshidratación puede interferir, afectar, comprometer o perjudicar su rendimiento.

Las capacidades naturales como la concentración
y los movimientos de reacción se ven
extremadamente afectados por el estado
de carencia de líquidos, que puede darse
de manera más frecuente en ambientes cálidos
y cerrados, como es el caso de algunos pabellones
de interior donde se practica el fútbol sala.

El calor que produce el cuerpo de los deportistas se evacúa durante la actividad física de varias maneras: radiación, conducción, convección y evaporación de agua. La evaporación contribuye en más del ochenta por ciento a la pérdida del calor generado por el metabolismo. El riesgo de deshidratación provocado por el calor aumenta así de manera drástica en ambientes más cálidos y húmedos.

Un deportista necesita ingerir, como mínimo, 1,5 litros de agua al día, además de la que consume durante las comidas normales. En realidad, lo recomendado es ingerir entre dos o tres litros, además del agua que se toma en las comidas. No obstante, si se llega al mínimo ya es excelente. Durante el entrenamiento o el partido, los deportistas deben ingerir agua, pero nunca hasta el punto de provocar indisposición; por tanto, han de beber poco, pero muchas veces.

Recuperadores musculares

¿Quieres saber cómo puedes reducir el tiempo de recuperación del desgaste físico?

Además de una buena hidratación y de la reposición de la energía en forma de hidratos de carbono, debes incluir en tus comidas alimentos ricos en potasio, que es un excelente recuperador muscular de origen universal.

Encontramos un elevado contenido de potasio en los siguientes alimentos: plátano, cereza, caqui, kiwi, melón, níspero, dátiles y mandarinas. El más práctico de todos, porque se puede tomar incluso en condiciones de estrés competitivo, es el plátano. Por eso estamos tan acostumbrados a ver a deportistas dar mordiscos a un plátano durante los descansos de la competición. Los tenistas, por ejemplo, lo hacen muchas veces (debes de haberlo visto en la televisión), y yo también lo hago.

Importancia de una alimentación rica, equilibrada y sana

Visito con frecuencia a mi nutricionista. En las consultas, siempre me hago pruebas para intentar mantener el rendimiento ideal con una alimentación cuidada, rica, equilibrada y saludable.

En época de competición, tengo algunas restricciones alimentarias. Normalmente, en los últimos cuatro meses de la temporada, los más intensos, los de mayor desgaste, o cuando participo en competiciones como el Europeo o el Mundial, intento no abusar mucho de los hidratos de carbono, y solo los tomo los días de partido, dado que en ese caso los gasto fácilmente. Una de las reglas que me esfuerzo por cumplir a rajatabla, como deportista de élite que me precio de ser, es beber mucha agua, para estar siempre hidratado.

También tengo como hábito beber mucho zumo de naranja, porque necesito bastante vitamina C, pero confieso que, como todo el mundo, tengo mis fallos. El café es mi talón de Aquiles... Mi nutricionista lo sabe y me aconseja constantemente que me modere, porque el café provoca retención de líquidos. Pero me resulta muy difícil quitarme ese hábito.

Para compensarlo, intento cumplir el resto de sus indicaciones a rajatabla. La poscompetición sigue siendo una fase crucial en la vida de un deportista, sobre todo a medida que se hace mayor. Por eso mismo, intento no cometer excesos ni abusos y baso mucho mi alimentación en el pescado (rico en proteína).

Así concluimos las nociones básicas de cómo debe ser la alimentación de un deportista de alto rendimiento. En mi caso, el fútbol sala. Eso es lo que soy y lo que quiero seguir siendo.

Las recomendaciones

Ya sean relativas a la alimentación o al rendimiento físico, deberán ser ajustadas por especialistas en nutrición deportiva, de manera que se adapten a las preocupaciones individuales de cada deportista, en lo relativo a la salud, la práctica y el rendimiento en cada deporte, o relacionadas con sus preferencias alimentarias o sus objetivos de peso y composición corporal. Se deberán cumplir. Para asegurarse de que no hay desviaciones significativas por parte de los deportistas, tendrán que hacerse exámenes corporales de manera periódica.

La marcha al Nagoya Oceans de Japón (2010-2011)

Salir de Portugal representó otro gran paso en mi carrera. En este caso, uno enorme, porque me fui al otro lado del mundo. A pesar de algunos episodios más complicados y de las dificultades que implicaba la distancia, no me arrepiento de haber ido a Japón. Se aprende mucho cuando se viaja.

La aventura japonesa

Cuando terminé mi etapa con el Benfica, proseguí mi carrera en Japón, con un contrato de tres años. Sin embargo, a la mitad se vio interrumpido por el violento terremoto, seguido de tsunami, que sufrió el país en marzo de 2011.

Fueron días difíciles, en los que no pude comunicarme con nadie (sin teléfono, sin Internet...), sin poder establecer contacto con la familia. Pasamos varios días en Tokio sin poder viajar, pero, afortunadamente para «nosotros», todo acabó bien. Pero aquel susto fue una lección vital.

Esta tragedia, que llevó a la interrupción de las competiciones en Japón, hizo que mi paso por el Nagoya Oceans tuviera un intervalo de una temporada en medio. Pasé los primeros seis meses (mitad de la temporada) cedido en el CSKA de Moscú; los restantes, hasta el final de la temporada, en el Benfica. Regresé entonces a Japón para cumplir mi última temporada en el Nagoya Oceans.

Las experiencias en otras ligas hacen que se aprenda mucho de la cultura de esos países. Eso nos hace crecer como jugadores y como personas. Lo positivo de estas experiencias nos ayudará, pero no hay nada comparable a jugar al lado de los mejores futbolistas del mundo, como me ocurre ahora en la Liga Nacional de Fútbol Sala, en España. Eso es algo insuperable.

La tentación económica y saber que iba a ser una referencia en el mejor equipo de Japón, de la FLeague, una de las mejores ligas de Asia, fueron las razones para aceptar el desafío de Oriente. Y este era ya el segundo intento por parte del Nagoya Oceans...

En 2009, cuando mi salario rondaba los diez mil euros en el Benfica (lo que en aquella época en Portugal no estaba nada mal, algunos decían que solo el fútbol de once podía pagar tales sueldos), los dirigentes del Nagoya querían que fichara por ellos. Pero en ese momento no querían pagarme tanto. Al año siguiente, volvieron a la carga y me preguntaron qué deseaba. Para empezar, desde luego, me ofrecieron un salario por encima de los treinta mil euros mensuales.

Así que respondimos, mi pareja y yo, por correo electrónico. Propusimos varias cosas, algunas hasta caer en la exageración: coche, viajes, Internet, cocina equipada... No sé, todo lo que se nos ocurrió. Le dije que se preparara, porque ella mantiene su actividad profesional en el mundo del espectáculo, es cantante, y sus canciones ya empezaban a aparecer en algunas telenovelas con cierto éxito. Si decían que sí, tendríamos que ir.

Creíamos que no iban a aceptar, pero la conversación no duró ni siquiera cinco minutos, porque enseguida llegó un correo en el que nos decían que aceptaban todo lo que habíamos propuesto. Nos quedamos con cara de tontos. Hasta tuvimos que casarnos a toda prisa y por lo civil para poder irnos los dos juntos a esa aventura. No me arrepiento de nada. Fue una aventura fantástica y me trataron muy bien. La única contrariedad fueron los terremotos y la distancia con Portugal. Me perdí más de treinta partidos con la selección, porque eran cerca de veintidós horas de viaje y mucho desgaste. Solo iba con la selección para los partidos más importantes y para las competiciones oficiales.

Capítulo 3
Mis entrenamientos

La cara más visible de la actividad de un deportista es la que da en la competición. Es en ese momento cuando la gente nos ve. En algunos casos, como ocurre cada vez más por la existencia de centros de entrenamiento y porque se hacen concentraciones a puerta cerrada, es incluso la única ocasión en la que los deportistas y el público están juntos en un mismo espacio. Esto hace que se tienda a olvidar algo muy sencillo: el trabajo de un deportista de élite va más allá del tiempo en el que protagoniza un espectáculo deportivo.

En realidad, el trabajo que se hace lejos del «escaparate» es lo que permite que el deportista rinda al más alto nivel. Sucede en el fútbol sala y en el resto de los deportes. Nadie juega (ni corre, ni salta, ni nada de nada…) al más alto nivel si no entrena mucho y bien. No hay campeones sin sacrificio. Seguro que habéis oído esta frase más de una vez. Los entrenamientos se realizan con gran sacrificio e intensidad. Se exige una gran dedicación para asumir ese trabajo y las dosis adicionales de esfuerzo que conlleva.

Entrenamientos

Nuestro plan de entrenamientos en el Inter Movistar incluye, de media, entre siete y ocho sesiones de trabajo (unidades de entrenamiento) por semana.

En la pretemporada, la carga de trabajo, las unidades de entrenamiento y los horarios no son los mismos, como es natural, puesto que obedecen a una preparación diferente que se enfoca al arranque de una nueva temporada. En ese momento se busca que los deportistas consigan la base física que les permitirá enfrentarse

Lunes
Tarde.
Martes
Mañana y tarde.
Miércoles
Mañana y tarde.
Jueves
Tarde.
Sábado
Mañana.

a los siguientes meses de competición. Es siempre la época más exigente para nosotros (sobre todo, porque volvemos de vacaciones), pero después nos beneficiamos de ese trabajo duro a lo largo del resto del año.

Trabajo en el gimnasio (entrenamiento en equipo) una o dos veces por semana, y tengo un plan de entrenamiento específico (individual) para complementar los entrenos cotidianos en equipo. Pero no es algo que haga solo yo: cada jugador tiene su propio plan de entrenamiento específico, que depende de sus características, habilidades y limitaciones (en relación con la fuerza, la explosión o el equilibrio).

En mi caso, las necesidades específicas de entrenamiento que debo cumplir en el gimnasio se centran en los siguientes aspectos:

1 • Mi pierna derecha está más trabajada que la izquierda. Siendo así, pongo siempre más carga/fuerza y una repetición más en la pierna izquierda. O sea, la someto a mayor esfuerzo, pues es aquella que utilizo menos para el apoyo, porque soy zurdo.

2 • Adicionalmente, antes de cada entrenamiento realizó trabajo de relajación de los isquiotibiales (un conjunto de tres músculos localizados en la región posterior del muslo). Así: de pie, con las piernas cruzadas y con los laterales externos de los pies juntos. Enseguida, voy bajando y doblando la parte trasera de las rodillas. Doblándome en dirección a los pies, llevo la parte superior del abdomen a las piernas. Lo hago durante treinta segundos y después cambio de lado.

Rutinas y excepciones

Los entrenamientos matinales en el Inter son siempre hasta las 12:30-13:00. Después, en los días de doble sesión, el segundo entrenamiento empieza a las 17:00. En día de entrevistas o de sesiones fotográficas, todo esto retrasa mi almuerzo y altera mis horarios completamente, lo que hace que tenga menos apetito. Dispongo de menos tiempo para el entrenamiento de la tarde; por eso procuro comer menos, para no tener una digestión prolongada. Son los días en que una sopa rica en proteína me viene de maravilla.

Plan semanal de entrenamientos

El club avisa a todos los jugadores (aprovechando un grupo que tenemos en una aplicación) del plan de entrenamientos, que es variable. Sin embargo, el cuerpo técnico puede modificarlo si entiende que, por ejemplo, debemos tener más descanso del que estaba programado o planificado inicialmente. Estas modificaciones están ligadas al desarrollo de la temporada, a las circunstancias de cada momento y también a lo que Jesús Velasco, el entrenador principal, observa en los entrenamientos. Si el partido es en sábado, el esquema más habitual de entrenamiento es este:

LUNES

Por la mañana, descanso. Por la tarde, un entrenamiento para soltar las piernas, para gastar energía y deshacernos de los líquidos acumulados durante el descanso. A mitad de sesión, ya con balón, ejercicio dinámico pero sin trabajo específico. Un entrenamiento con pocos parones y siempre con intensidad.

MARTES

Normalmente, en doble sesión (dos entrenamientos al día). En caso de que haya solo entrenamiento matinal, el miércoles la preparación es en doble sesión (mañana y tarde). El entrenamiento matinal es siempre físico, con o sin balón. Esta estructura se alterna semanalmente: una semana sin balón y otra con balón.

Físico sin balón

Estos trabajos son los que implican una gestión más cuidadosa y minuciosa. Es esencial, porque se diseñan para cada caso: cada jugador tiene su propio plan de entrenamiento, que se adecúa a sus necesidades y a sus características. Cada dos meses se realizan pruebas para valorar si existe fatiga muscular y determinar lo que cada jugador debe trabajar aún más. Estos entrenamientos se acompañan de sesiones en el gimnasio, para ganar masa muscular (algo esencial para los que actúan en la posición de pívot); la idea es acumular más fuerza física y capacidad de explosión. También se hacen porque alguien necesita trabajar determinados grupos musculares o músculos más específicos que presentan un déficit. Además, estas sesiones se complementan con ejercicios como saltos, movimientos explosivos y cambios de dirección.

MARTES

Físico con balón

Se monta un esquema de cuatro cuadrados, con parejas (dos jugadores). Se trabajan los movimientos con interacción técnica y táctica, siempre con intensidad. Así se consigue, en un solo entrenamiento, afinar el esquema táctico y valorar y observar la capacidad cognitiva de cada jugador, así como crear rutinas de juego.

Normalmente, el sistema se basa en tres repeticiones de tres series cada una. Esto se sustancia en un entrenamiento de hora y cuarto. En un solo sistema de entrenamiento físico, se introduce el balón, lo que permite observar el comportamiento de cada jugador, pues se hace un análisis de su capacidad para memorizar y mantenerse lúcido y con discernimiento, para estar activo y razonar bien a medida que se va intensificando el desgaste físico provocado por el entrenamiento.

El cuerpo técnico lo explica todo con detalle. Normalmente, es Velasco quien lo hace. Y no repite lo que dice: todos sabemos la exigencia y el rigor con el que se debe entrenar; se impone máxima concentración y silencio, que estos momentos, vale lo que el oro. El entrenamiento de la tarde, de una duración aproximada de dos horas, tiene más pausas (siempre con la preocupación de hidratarse en cada descanso). A medida que el entrenamiento avanza, el ritmo baja, pero sin perder intensidad.

MIÉRCOLES

Descanso por la mañana, entrenamiento solo por la tarde. Es un entrenamiento mucho más táctico. Se trabajan movimientos con defensa, sin defensa, sin portero (entre treinta y cuarenta minutos), para después terminar el entrenamiento con jugadas a balón parado (de estrategia) en las alas.

JUEVES

El entrenamiento se desarrolla por la mañana o por la tarde (una sesión solamente), en función de lo que haya ocurrido en las sesiones del día anterior, en concreto si fueron de mucho desgaste o no. Se da continuidad y prioridad al entrenamiento táctico: mucho balón. Trabajamos mucho el 5x4, 4x3 y 3x2, el balón parado con continuación, y, al final, una configuración de futbolín. Esto último consiste en tener dos porteros, uno en cada portería, y dos jugadores defendiendo y tres atacando. Los porteros tienen que poner en juego la bola por encima (por alto) y después por debajo (a ras de suelo). Las jugadas deben durar un máximo de seis segundos, lo que obliga no solo a pensar, sino también a ejecutar con rapidez las transiciones, debido a la presión de tomar decisiones y finalizar en un corto espacio de tiempo.

VIERNES

Normalmente, es el último entrenamiento antes del partido, por la mañana y con una duración de una hora y veinte minutos. Esta sesión ya está dirigida y enfocada en función del adversario. El *scouting* ha hecho su trabajo y los jugadores tienen que entrenar en relación con cómo juega el rival. Hay que saber cómo defiende, para encarar bien el partido. Se ensayan saques de banda y de esquina. Asimismo se ajustan las jugadas a balón parado.

En un momento dado de la temporada, antes de la Copa de España (en marzo), ya solo se entrena una vez por día hasta final de temporada, Se abandonan las sesiones dobles. Las unidades de entrenamiento semanales se reducen en número, pero la intensidad no baja: sigue siendo idéntica. Eso nos permite tener más tiempo de recuperación, pues por aquel entonces ya empiezan a «pesar» los muchos partidos jugados. Físicamente, el trabajo ya está hecho, no ganas ni mejoras mucho más.

El día de partido

Y entonces llega el día del partido. Dos horas antes del comienzo, se realiza una sesión de vídeo, seguida de charla en el vestuario. Las charlas de mi entrenador actual, Jesús Velasco, son diferentes de todas las que había recibido hasta ahora. Se respetan de manera estricta las reglas, ya sean pedidas, acordadas o impuestas. Ese momento que antecede al partido no solo sirve para que compartamos el mismo espacio, sino para convivir unos con otros, sin móviles, sin *smartphones*. Las ataduras y los vendajes funcionales, para quien los usa en los pies, puños o manos, tienen que hacerse antes de la charla (o sea, tengo que llegar al vestuario una hora antes de que entre Velasco).

Cuando estamos todos reunidos, llega el momento de escuchar a los responsables técnicos (Velasco y su adjunto, Chicho). Entonces se abordan factores de automotivación, hablamos de los puntos fuertes y débiles de los adversarios, del estudio que hemos hecho, del análisis de sus conclusiones, de qué debemos hacer, del juego a balón parado, de los lanzamientos laterales y de esquina. Enumeramos las jugadas con las que vamos a construir el ataque, el 4 para 5 defensivo, y el 5 para 4 ofensivo. Si el partido es de riesgo, hablamos de cuál es su importancia, de dónde nos encontramos, de cómo estamos en la clasificación. Y el técnico siempre nos hace una advertencia: en cada partido tenemos que ser más fuertes, pues todos nos quieren ganar; somos el equipo a quien todo el mundo quiere vencer.

Luego llega el calentamiento. Velasco se coloca siempre en un punto estratégico de la cancha, en una de las esquinas, y observa. En ese preciso momento, realiza una valoración individual, a la vista de la actitud, la postura y la intensidad de cada uno de los jugadores. Solo entonces decide quién va a formar parte del cinco inicial.

Entrenamiento y trabajo específico, y algunas curiosidades...

Actualmente, para mí, el momento más delicado es la recuperación. A esos cuidados son a los que me dedico más. Utilizo dos técnicas: la crioterapia (terapia de hielo) y la compresión de piernas (debido a la acumulación de líquidos, como el ácido láctico).

Hace aproximadamente un año, adquirí el material necesario para aplicar esas técnicas. De este modo, puedo estar cómodamente en casa, en mi momento de ocio, leyendo o viendo la televisión, y cumplir con esas sesiones, que duran entre treinta y cincuenta minutos, una o dos veces al día. Antes hacía esa recuperación en el club (que aún pone los medios a disposición de todos sus deportistas). Sin embargo, cada uno gestiona sus necesidades con el debido acompañamiento de los profesionales. Por mi parte, prefiero hacer este trabajo en casa. Todos los días, después de los entrenamientos o del partido, hago recuperación. El domingo, normalmente, es día de descanso.

Otra cosa que hago mucho, casi a todas horas, son estiramientos. Mi cuerpo lo necesita.

Se me hinchan los pies y necesito relajar, estirar, descomprimir, andar descalzo, sin nada puesto. Necesito que mis pies queden «libres» de la presión a la que están sometidos constantemente en los entrenamientos y en el partido. Es una sensación agradable. Juego con mi propio calzado. La marca deportiva Nike me hace las zapatillas a medida. Su equipo está siempre a mi disposición para hacer los ajustes necesarios. Pero no hay nada como andar descalzo... Las zapatillas me duran una media de diez partidos (periodo en el que uso las mismas tanto para entrenar como para jugar).

La recuperación física tras los partidos

El día siguiente a los partidos, hago piscina como trabajo de recuperación: un mínimo de una hora u hora y media. Luego acabo con una sesión de sauna. Cuando era joven, no me parecía importante y no valoraba la recuperación tras la competición, pero a medida que pasan los años se vuelve necesaria e importante.

Trabajar la creatividad, relación causa-efecto

En la pedagogía deportiva, se han desarrollado algunos argumentos muy interesantes sobre la creatividad. La conclusión a que se llegó es que existe una relación causa-efecto. O sea, la creatividad, una vez adquirida, queda dentro del deportista, como un virus. Se manifiesta a través de sus prestaciones, con independencia de las circunstancias. Además, la creatividad exige contar con algunas competencias asociadas.

Las tres virtudes de un jugador creativo

1 • Entender y reconocer de forma rápida y precisa las acciones y los problemas del juego.

2 • Tener ideas para solucionar los problemas.

3 • Escoger la mejor idea entre todas las opciones.

Cualquier laguna en una de esas áreas comprometería al jugador creativo o bueno técnicamente, aquel que entiende y da un significado y una solución a los problemas del juego, aquel que crea varias alternativas en respuesta a lo que ocurre y que elige bien. Así, a bote pronto, ¿se os viene a la cabeza algún nombre?

¿Es posible jugar sin ser creativo, sin reunir estas tres virtudes? Algunos creen que sí, aunque eso sea un hándicap. En este caso, debemos considerar que existen tres tipos de jugadores.

Tipos de jugador

1 • Aquel que no sabe leer el juego y que, por eso, tiene dificultades a la hora de crear alternativas, pero que tácticamente es disciplinado. Cumple con su función en la cancha de manera previsible.

2 • El que hace lo que quiere con independencia de la estrategia o de la acción del equipo; esto es, crea, pero decide mal. Es decir, juega «a ver qué sale». Quien juega así no puede ser considerado creativo. Más bien se le debe considerar un «falso creativo».

3 • El «verdadero creativo» sabe que este es un juego colectivo. Juega de manera imprevisible y peligrosa para el adversario, no para su propio equipo. En el fútbol sala (juego colectivo en evolución constante), la circunstancia concreta del juego impulsa la creatividad. Es algo que debe tener en cuenta quien se dedica a la formación. Los entrenadores que enseñan, estudian y desarrollan el juego de manera completa deben tener en cuenta que la cualidad (el tipo) de la exigencia situacional (la actividad) es lo que podrá desencadenar o no esa creatividad.

Por tanto, es necesario prestar atención y tratar de prever lo que puede suceder en un partido. El entrenador no puede quedarse estancado en la rutina de los ejercicios técnicos, que enseñan la relación con el balón, pero no a saber leer un partido. Tampoco puede quedarse atrapado en la repetición de jugadas ensayadas, que enseñan a decidir, pero no a inventar. Eso no quiere decir que no se pueda dedicar algún tiempo a eso, claro, pero no la mayor parte del tiempo. Los técnicos deben pensar qué sucederá en los partidos y cómo jugar. Tienen que pensar en qué será adecuado para aumentar la atención y la capacidad de los jugadores para que puedan encontrar soluciones alternativas en cada momento (por ejemplo, pueden introducir dos pelotas en el mismo partido o más porterías para atacar y defender).

Todo ello me sirve para dejar una cosa clara: yo no nací creativo. Sin embargo, a lo largo de mi trayectoria, mucha gente estimuló mi creatividad, que entrené y puse a prueba.

La creatividad es fundamental para el rendimiento óptimo en los partidos. Pero no solo es un don. Debe adquirirse y trabajarse. Es importantísimo introducirla en la formación, si es que se pretende formar a jugadores imprevisibles, aptos para un deporte tan poco previsible como el fútbol sala. Los niños en edad de formación lo agradecerán, y mucho.

Técnica e inteligencia

¿Qué hace que alguien afirme que jugadores como yo somos creativos/técnicos? Lo explico: sus aptitudes. Por ejemplo, driblar a los rivales y marcar goles; dar un pase a un compañero (una asistencia) de manera que este se quede mano a mano con el portero; recibir el pase en situación de marcar; conducir el balón en un contraataque y pasarlo en el momento oportuno; hacer un bloqueo para que el balón llegue en condiciones a un compañero mejor posicionado; tener un mano a mano con el portero y conseguir marcar.

No existe el jugador creativo/técnico «no inteligente», pues para ejecutar los regates, pasar o asistir, ocupar el espacio, conducir la pelota, chutar, es preciso, primero, entender, decidir bien e interpretar. Todo eso son virtudes. Sin embargo, no hay manera de ver la inteligencia del jugador. Solo podemos constatar sus aptitudes. Vemos los goles y no las decisiones que llevaron a los jugadores a marcarlos. No obstante, tuvieron que tomarlas.

Se habla mucho de que hay jugadores técnicos, esto es, futbolistas que se relacionan bien con la pelota, que la dominan, que chutan bien, pero que después no saben jugar de manera colectiva. Eso no tiene sentido. El fútbol sala no es un juego de malabarismo o de *freestyle*, sino de cooperación y apoyo.

Jorge Braz

Seleccionador portugués

Ricardinho. El recorrido de un genio...

Intentar hablar de Ricardinho es algo especialmente complejo y, paradójicamente, sencillo. Lo explicaré.

«Ricas», como tantas veces le he llamado, desde muy pronto mostró capacidades anormales, distintas, tal eran la innovación y la creatividad que demostraba, algo que en los jugadores de hoy tantas veces afirmamos que está desapareciendo.

Quien veía a Ricardinho estaba ante algo extraordinariamente complejo, solo al alcance de los mejores, de los genios. Es así, asociamos los genios a la complejidad, a la innovación, al cambio y al descubrimiento.

Esta genialidad compleja de «Ricas» me obligó siempre a observar el juego con enorme atención, permitiéndome descubrir aspectos invariables, comprendiendo que existe siempre algo que viene luego, que siempre cabe innovar. Siempre lo tuve claro: los mejores deportistas son fundamentales en la evolución del deporte; si observamos con atención, los «genios» descubren soluciones nuevas para viejos problemas.

Sin embargo, su recorrido presenta algo extremadamente simple, algo fundamental y ejemplar para todos los jóvenes de hoy; la manera en que siempre se exigió más, la forma en que siempre entrenó, entendiendo que cada minuto podía ser importante para algo más, para subir otro peldaño. Como los genios: cuando descubren algo, quieren ir más allá, quieren ver lo que viene luego.

Uno de los problemas de los jóvenes de hoy consiste en que no se dan cuenta de la genialidad, por sí sola, no basta. No los lleva a descubrir qué viene después. Los deja siempre en el mismo nivel. En el caso de «Ricas», su nivel solo es posible porque redescubrió de forma constante su genialidad, en todos y cada uno de los momentos del entrenamiento y en todas las contrariedades de los partidos, como un niño que se siente ingenuamente alegre por tener un balón en los pies, haciendo que las cosas complejas se transformen en «cosas simples bien hechas». Por todo eso, sin duda, es el mejor jugador del mundo.

Capítulo 4
Cuidar el cuerpo y la mente

Ya estoy en mi quinta temporada al servicio del Inter Movistar. Ese bagaje permite a los equipos de apoyo del club tener una noción exacta de cómo es mi metabolismo y mi rendimiento físico. Los estudios y las pruebas a los que me someto regularmente muestran que puedo llegar a perder dos kilos y medio de peso (setenta es mi peso normal durante un entrenamiento, incluso bebiendo mucha agua, algo que, como ya hemos visto, es esencial.

La intensidad de los entrenamientos es tal que provoca una gran transpiración. En mi caso, incluso abusando del café, que provoca retención de líquidos, tengo la fortuna de que, en ese sentido, mi organismo reacciona bien al esfuerzo. Perder líquidos solo es malo si no tenemos forma de compensarlo, una circunstancia que no afecta nunca a los deportistas de élite, cuyas necesidades están siempre cubiertas por el trabajo de los equipos médicos y recuperadores de su club.

Suelo decir que «el mejor jugador del mundo es el momento», y yo «soy mucho del momento». Porque hoy quizás eres y te sientes el mejor, pero mañana puedes ceder y no sentirte así... La vida está hecha de momentos. Todo se reduce a momentos. Y, en mi vida, todo es el momento.

Puedo estar aquí sentado, relajado, conversando para tomar notas para el libro, pero, mientras, ya he sentido muchas ganas e incluso la necesidad de hacer mis sesiones diarias de prevención y recuperación. Y sé que las voy a hacer, pero probablemente más tarde. Se trata de una recuperación localizada; en este caso, en las piernas.

Una vez más: no existen reglas. Tengo ganas y lo hago. Y también sé que me beneficia mucho. Se trata de una práctica/rutina constante, pero que a veces puede no darse. Si, por algún motivo, no sucede, no es un gran problema.

La prevención y la recuperación del desgaste muscular de mis piernas queda en manos de las mangas inflables del Recovery Pump, en una sesión que dura alrededor de treinta minutos y que provoca la compresión secuencial en los miembros inferiores, a través de un mecanismo de compresión. Esto permite estimular el drenaje linfático, que facilita la eliminación de los líquidos acumulados, como el ácido láctico, en los músculos.

Este mecanismo permite acelerar la recuperación deportiva al más alto nivel. Y todavía queda la Game Ready, con la que hago crioterapia. En este caso, es una sesión de veinte minutos en que se aplica frío de forma localizada en el cuerpo (en los miembros inferiores).

Qué es la crioterapia

La crioterapia es la aplicación de frío con objetivos terapéuticos a través del enfriamiento de los tejidos corporales. El frío provoca vasoconstricción, cosa que limita la perfusión de sangre en los tejidos, responsable de la aparición de edemas y hemorragias. La disminución de temperatura conduce también a la reducción del metabolismo celular, lo que minimiza la destrucción que se da después de las lesiones. Además, la aplicación de frío tiene efectos analgésicos y activa fibras que bloquean la transmisión del dolor, a través del aumento del umbral de estimulación de los receptores álgicos periféricos. Asimismo rebaja la velocidad de la transmisión nerviosa.

Este es el sistema que utiliza agua o hielo en cubitos o picado en un aparato que funciona como compresión activa. En resumen, ayuda a la recuperación de la fatiga muscular de la alta competición y permite reducir los tiempos de recuperación en los deportistas de alto nivel después de lesiones traumáticas o musculares. Su uso tras un entrenamiento o un partido intenso permite aumentar la velocidad de recuperación y recuperar el rendimiento pleno al cabo de menos tiempo.

Por tal razón se utiliza sobre todo en lesiones traumáticas de tejidos blandos, para reducir la inflamación. Al enfriar los tejidos, limita el fenómeno inflamatorio: reduce la formación de edemas, las hemorragias de los tejidos y los dolores asociados a las lesiones musculoesqueléticas. Se utiliza en los centros deportivos de los grandes clubes de fútbol y de otros deportes, así como también por parte de los ciclistas en las grandes competiciones, que implican grandes esfuerzos durante muchos días seguidos.

Empleo estos aparatos para acelerar mi recuperación y para reducir la sensación de fatiga y los dolores musculares que suelen surgir después de los entrenamientos más intensos y de los partidos. Y también los utilizo para prevenir algunas lesiones musculares.

El club pone a nuestra disposición una serie de suplementos, bebidas y fruta los días de concentración previa a los partidos, para que no les falte nada a sus deportistas. En el vestuario siempre hay fruta, así como suplementos, barras de cereales con sabor a fresa o chocolate, o sobres de azúcar que podemos tomar en cualquier momento, antes, durante o después del esfuerzo físico.

Mi compañero de equipo Gadeia (internacional brasileño) y yo tenemos la costumbre de comernos medio plátano antes del inicio de cada partido; dejamos la otra mitad para el descanso. Pero hay quien opta por las barritas o el azúcar antes y después, para reponer los niveles de energía.

Ocio y tiempo libre

Vivo fuera del alboroto de la ciudad, en el campo, en una zona muy tranquila y cerca de un parque natural. Mi casa está apenas a veinte minutos en coche del centro de entrenamientos del Inter Movistar, el pabellón Municipal Jorge Garbajosa, en Torrejón de Ardoz.

Si dispongo de tiempo libre, lo que no ocurre siempre, intento ponerme programas de entrenamiento. Si me apetece, voy a correr (normalmente cuarenta y cinco minutos) con los amigos, por el campo, para aprovechar la naturaleza, sin el estrés de la ciudad, sin problemas. Juego a la pelota en el jardín (siempre tengo varias pelotas por allí, ¿qué esperabais?) para relajarme y divertirme. Por otro lado, hay una parte de la casa que he dedicado solo al ocio y a los pasatiempos. Allí juego alpimpón, al póquer, a los dardos, al billar, a las cartas y a los dados.

Importancia de entrenar la concentración

Practico bastantes juegos que ejercitan el poder de la mente y que exigen concentración, pues necesito mantenerme activo, pensar un poco y ejercitar el cerebro.

¿Vicios? No... Bueno, tengo uno. No es bueno hablar de ello, porque no es muy positivo (a mi entender), pero no siento la necesidad de hacerlo todos los días. Una de las cosas que me da mucho placer es jugar al póquer. Juego mucho, pero tengo mis prioridades bien definidas. Sé cuáles son.

Paso algunas horas intercambiando mensajes y hablando *online* (vía Internet) en las redes sociales con mis amigos, pues la mayoría están en Portugal y ya hace años que estoy fuera del país.

Tengo toda la tecnología y más para entretenerme con juegos electrónicos en línea (cuando estoy solo en casa), o con la Game Boy o la PlayStation (en compañía de amigos).

La mayor parte del tiempo cuento con la excelente compañía de mi novia. Nos conocimos en Madrid. Ella estudia en la universidad, en un curso superior, y, a veces, cuando la ausencia se prolonga, puede que cene solo. Y, claro, estoy en contacto permanente con mi familia y con mis hijos, que están siempre presentes. Viven en Portugal, en Oporto, con sus respectivas madres. Siempre que estoy en Portugal, intentó estar con ellos. Pero todos los días hablamos a través de Internet.

Cuidados al dormir

Cuando llega el momento de irme a la cama, también tengo cuidado con la postura. No puedo dormir boca abajo porque tengo bastantes problemas de espalda (en la región lumbar): es un problema que «heredé» de mi familia materna. Es algo genético. Si por alguna razón provoco una descompensación, sufro muchos dolores de espalda, por lo que solo consigo dormir en posición fetal o boca arriba (pero así tengo dificultades para respirar y acabo roncando). Por eso suelo dormir enroscado como una bola, con las rodillas dobladas y la mandíbula inclinada hacia abajo para sentirme cómodo, pero sin causarme problemas en la espalda o en el cuello.

PARTE II
MI JUEGO

António José Azevedo (Zego)

Entrenador

Siempre sentí que Dios me encamina hacia las personas que desea que conozca, cuando no las encuentro por mí mismo. Tengo la seguridad de que eso ocurrió con Ricardinho. Dios puso en su camino a las personas que necesitaba más en ese momento de su vida deportiva y afectiva. En primer lugar, su madre, que siempre estuvo a su lado en los momentos familiares más difíciles. En segundo lugar, Carolina. En tercero, Zego. Poco podía imaginarme que nosotros tres, Ricardinho, Carolina y yo, estaríamos siempre juntos en los momentos que pasé en Portugal. Ya sea en el Gramidense, en el Miramar y después en el Benfica, donde fui a ayudar algunas semanas antes de una final de la UEFA Futsal Cup. Humildad, tenacidad, calidad, curiosidad por aprender y escuchar y preguntar. Eso definía a nuestro talentoso muchacho.

En la historia del fútbol sala, desde mi punto de vista, nunca ha habido un deportista que haya reunido tantas cualidades. Y lo digo no solo por lo que ya ha conseguido, sino por lo que aún le queda por hacer. Es el que más méritos acumula. Visión de juego, extrema habilidad, juego con las dos piernas, finalización perfecta lejos o cerca de la portería contraria, velocidad, compromiso defensivo. Todo eso reunido en un solo jugador. Verlo jugar provoca sonrisas de admiración entre niños y adultos.

Cuando el tiempo pase y el gran estandarte de nuestro deporte se retire, solo me atrevo a pedirle una cosa a Ricardinho: que dedique una parte de su tiempo diario a entrenar y a ayudar a aquellos que no tienen recursos y posibilidades para permitirse un profesor; que siempre ponga delante de sus pasos a Jesús y su ejemplo. Muchas felicidades, Ricardinho.

La mayor cualidad de un jugador es el entrenamiento constante. Eso le permite tener una gran visión de juego, innovar, crear... fútbol sala.

La «magia» acontece donde hay dedicación.

Capítulo 5
El papel de cada uno en el campo

Como en la mayoría de los deportes colectivos, en el fútbol sala cada jugador tiene una posición que ocupar y un trabajo que desempeñar dentro del campo. Y tiene que hacerlo respetando la táctica y el esquema de juego definidos por el cuerpo técnico. A continuación, de manera resumida, explicamos lo que cada uno tiene que dar al equipo y las características fundamentales que debe reunir para alcanzar el éxito individual y colectivo.

Portero

La suya es cada vez una posición más importante; en el juego de posición es quizá la más fundamental de todo el equipo. Su misión principal, por supuesto, es defender la portería, pero un buen portero debe y puede hacer mucho mucho más.

Ha de tener diversas capacidades, tales como: gran flexibilidad; visión de juego para conseguir poner la pelota en juego, con la mano o con los pies; adelantarse en ataques rápidos, la llamada transición; ser un líder y coordinar los movimientos del equipo en defensa; ser capaz de iniciar el ataque.

Alguna de las características más importantes que un portero debe tener son:

- Estar siempre activo y concentrado durante el partido (incluso cuando el balón está alejado, debe acompañar su movimiento y estar listo para reaccionar).

- No fijarse solamente en las marcas, sino concentrarse bastante en el balón.

- Saber analizar el lenguaje corporal del adversario; debe, por eso mismo, ir un paso por delante (adivinar y anticipar) de su oponente, para tener la posibilidad de encararlo y salir vencedor en los duelos directos.

- En situaciones de uno contra uno, no debe quedarse a la espera de lo que haga el rival; cuando se toma la iniciativa y se reacciona antes que el contrario, este se ve obligado a tomar decisiones más rápido, lo que aumenta la posibilidad de error. La rapidez en la reacción permite garantizar un mejor posicionamiento, cosa que disminuye los ángulos y aumenta la posibilidad de cubrir la trayectoria de la pelota.

- Tener motivación y confianza en uno mismo. Es una de las principales virtudes de un portero. Nunca debe dejar que un error lo desanime; si falla, ha de reaccionar positivamente e intentar no repetir los mismos errores. Es imposible jugar al fútbol sala sin cometer fallos, pero es necesario ser consciente de que, ante el error, la solución es entrenar todavía más para evitarlos en el futuro.

- Ser valiente. Forma parte de la rutina de los porteros, siempre atentos, siempre dispuestos a intervenir.

- Comunicarse mucho con sus defensores. El portero ocupa un lugar privilegiado: cuenta con uno de los mejores ángulos de observación. Ve el juego de frente y debe usar esa ventaja para orientar a su equipo.

- Actualmente, es importante saber jugar con los pies, pues el fútbol sala es cada vez más dinámico y exige más que los porteros participen en la organización del juego, ya sea en momentos de salida de la presión, cinco para cuatro ofensivo, o incluso con posesión de la pelota.

Cierre/Defensa

Es el jugador que normalmente se sitúa en la posición más retrasada en la cancha; es responsable de la mayoría de las cosas que ocurren en su zona defensiva. También debe marcar al pívot rival. Además, es uno de los encargados de distribuir el juego. Debe tener una gran visión de juego, ser contundente en defensa y contar con unos buenos reflejos para reaccionar rápidamente ante cualquier ataque.

Alas

Son los jugadores que se sitúan cerca de los laterales. Por ahí se mueven. Deben darle más amplitud al juego y arriesgar en acciones individuales de uno contra uno, y combinar con el pívot. Han de moverse rápido, pasar y asistir con la misma rapidez, así como ser buenos finalizando la jugada. En esta posición, lo más importante no es ser un jugador alto o muy fuerte físicamente, sino tener gran agilidad, velocidad e inteligencia, tanto en las acciones ofensivas como en las defensivas (recuperación). Esta es mi posición.

Pívot

Es el jugador más avanzado en la cancha. Es bueno contar con una buena presencia física y ser potente. El pívot debe tener una capacidad de finalización muy buena, pero no solo eso. Ha de ser muy bueno en la recepción, para también asistir o distribuir el juego, pues suele jugar de espaldas a la portería contraria. Debe tener claro cuándo debe pasar el balón a otro compañero, en el juego ala-pívot, y cuando, en cambio, ha de bascular (hacia cualquier lado) y rematar a portería.

Hay dos tipos de juego de pívot: los más fijos (pívots «de referencia»), que se quedan más arriba en punta, y los más móviles, que se implican más en el juego (normalmente caen a banda, las alas, lo que hace que el juego sea más dinámico).

Campeonatos de la UEFA Futsal Cup con el Inter Movistar (2017 y 2018)

Todos los equipos quieren ganar, pero el nivel de ambición está en consonancia con la inversión financiera y emocional que se realiza en cada competición. En los grandes equipos, la presión es siempre mucho mayor. Forma parte de la grandeza de un deportista ser capaz de lidiar con esa presión. Sobre todo cuando se le considera un referente. Ahí, el «peaje» puede alcanzar cotas muy elevadas, casi obsesivas. Ser un profesional sin mácula ayuda a superar tales situaciones. Pero también hace falta un poco de suerte. Y eso es lo que me pasó a mí en 2017.

Campeones en 2017

Este campeonato me quitó una enorme presión de encima, porque en España me exigían mucho la «devolución» de aquello que supuestamente le «quité» en Lisboa al Inter, en 2010. Los españoles pensaban que yo era el principal responsable de la derrota en la final de la UEFA Futsal Cup del Inter, que en aquel momento se llamaba Interviú de Madrid. Como en 2016 el equipo no había conseguido el título (perdió en la final con los rusos del Gazprom-Ugra Yugorsk por 4-3), la final de 2017 cobró todavía más importancia.

El equipo trabajó de otra forma y mejoró aspectos más ligados a la competición de la UEFA, especialmente la condición física de los futbolistas. Los partidos de la UEFA Futsal Cup son muy exigentes, desgastan mucho (sobre todo en el momento clave de la Final Four, en la que se encadenan dos partidos en un corto espacio de tiempo). A veces, más que elaborar esquemas o sistemas tácticos, es importante y esencial estar en buena forma física y tener una gran resistencia emocional. Esa capacidad para lidiar con situaciones adversas, superar la presión, los obstáculos y los problemas, así como para reaccionar positivamente, marca la diferencia.

En Kazajistán, país donde se disputó la UEFA Cup, en las semifinales el Inter derrotó al Kairat, que jugaba en casa. Llegó a la final frente al

Sporting, que había batido al Ugra, de Rusia, en la otra semifinal. No era lo esperado, pero el equipo portugués sorprendió a todos y se plantó merecidamente en la final. Sin embargo, el Inter Movistar no les dio opción de llegar más allá: ganó el partido por un histórico de 7-0.

Campeones en 2018 (bicampeonato)

El de 2017 y el de 2018, cuando ganamos 5-2 y nos convertimos en bicampeones de Europa, fueron hitos muy especiales. Fueron días fantásticos. Fines de semana perfectos en los que ganamos a los dos mejores equipo de Europa (después de nosotros...). En la final contra el Sporting, la experiencia de jugar contra amigos (que habían sido compañeros en la última victoria europea con la selección) fue algo único. Estaba feliz, claro, pero también triste por ellos, pues, desde hace tiempo, se merecían obtener un título así para el club. Pero, por supuesto, prefiero ganar yo.

Sumé otra victoria. Era el tercer campeonato en mi carrera, pues ya lo había conseguido con el SL Benfica (mi primer título). En esta competición también fui uno de los máximos goleadores de siempre de las finales de la UEFA Futsal Cup, con ocho goles (solo otro jugador alcanzó esa marca).

Aquella fue la última edición de la competición con ese nombre. Se decidió cambiar su nombre a «UEFA Futsal Champions League» (Liga de Campeones de Fútbol Sala de la UEFA).

Otro dato curioso es que soy el único jugador (con el Inter Movistar y Portugal) que en el plazo de un año ha conquistado tres competiciones de la UEFA: dos UEFA Futsal Cup (Copa UEFA Futsal) y la UEFA Futsal Euro 2018.

Capítulo 6
Conocer mejor el fútbol sala

Sistemas y organización estructural

El fútbol sala, dada su corta vida, ha pasado por fases de poca ortodoxia metodológica. Aunque esto puede ser positivo (pues puede fomentar que el deporte evolucione libremente), también puede resultar negativo (pues es difícil distinguir lo positivo de lo negativo, y se tiende a trazar analogías con otros deportes más desarrollados).

A pesar de las grandes diferencias estructurales y funcionales entre distintos deportes, es importante tener en cuenta los parecidos, sobre todo en el plano organizativo y táctico del juego. De esta manera, como en otros deportes colectivos, la organización del juego en el fútbol sala puede verse desde dos niveles: estructural y funcional. Y ambos deben interactuar constantemente.

La organización estructural (el sistema de juego) tiene que ver con la disposición inicial de los jugadores en la cancha. En el fútbol sala, hay varios sistemas posibles

Tácticas y sistemas de juego

Se pueden emplear diversas tácticas y sistemas de juego. Algunos de esos esquemas de juego son: 0x4; 4x0; 2x2; 3x1; 2x1x1; 1x2x1; 5 para 4… Se definen por la posición de los jugadores en la cancha. Los primeros números hacen referencia a la defensa (lo que fija, para que se entienda, el sistema de juego empleado). Por eso, el esquema de juego 4x0 es bastante defensivo, mientras que una táctica 1x3 o 0x4 implican sistemas de juego muy ofensivos.

Tipos de marcaje

Entre los principales factores que deben tenerse en cuenta y que influyen en la táctica de juego de un equipo destacan la atención respecto al adversario (algo preponderante), la condición técnica y las características individuales de los jugadores (la condición física de los deportistas, además de otras variables psicológicas, tales como la motivación, la confianza y la tranquilidad, que son igualmente esenciales en el rendimiento deportivo). La capacidad de observación de los entrenadores en el transcurso de los partidos aumenta la posibilidad de generar cambios tácticos en el contexto del juego.

La táctica de un equipo se caracteriza por los sistemas y los patrones de juego, así como por las variantes de los sistemas previamente definidos en el proceso de preparación deportiva.

Los sistemas de juego se configuran a partir de la posición de los jugadores en la cancha. Su juego debe neutralizar el ataque del adversario y eludir la defensa contraria.

El sistema de juego es la base de la formación del equipo. Se relaciona con los patrones de juego. Este se sustancia en los movimientos de los futbolistas, en cómo intercambian sus posiciones organizadamente para eludir los marcajes del oponente, para provocar errores en el sistema defensivo contrario y para colarse entre la defensa rival y crear situaciones de peligro. En función de los sistemas empleados por los equipos, hay diversos patrones de juego. Implican movimientos de circulación, ya sean laterales o diagonales. En este caso, se puede contar o no con la participación del portero adelantado (portero volante, en movimiento, adelantado o portero-línea, se puede llamar de todas estas maneras).

Cuando se opta por colocar al portero adelantado, este se avanza y participa como un jugador de campo más. Es un esquema extremadamente ofensivo, muy arriesgado; normalmente solo se adopta cuando se necesita remontar y se acaba el tiempo (en raras ocasiones, se emplea para obtener mayor posesión y contar con el control y el dominio del juego).

Algunos ejemplos de patrones de juego son el 5 para 4; en rueda; en ocho; ocho por detrás; por el medio; invertido; cruzado; en X; en elástico; en pirámide invertida.

Los diversos esquemas se concretan en maniobras estratégicas definidas a partir de los sistemas y patrones de juego adoptados. Funcionan como combinaciones inherentes a la formación adoptada por el equipo y se desarrollan mediante la sincronización de movimientos y pases predefinidos. El objetivo es crear desequilibrios y oportunidades, pero no por ello se debe abandonar el rigor defensivo.

Vamos, pues, a describir la formación y las características de los principales sistemas de juego empleados.

Sistemas de juego

Sistema 2x2

Es el sistema más sencillo. Utiliza dos jugadores en defensa y dos jugadores en ataque (**Figura 1**). Como resulta fácil de asimilar, se utiliza en las categorías de formación (en los escalones más bajos), así como en equipos técnicamente inferiores, menos evolucionados. Puede considerarse el sistema que anticipó otros sistemas, tales como el 3x1 o el 1x3. En términos dinámicos, cuando un atacante recula para ayudar en defensa, se transforma en un 3x1; cuando un defensor avanza para ayudar en ataque, pasa a un 1x3.

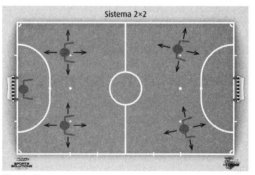

Figura 1

Sistema 2x1x1

Relativamente sencillo y de fácil aprendizaje. Hay dos jugadores en defensa, uno a cada lado de la cancha (que se denominan alas), un jugador a media cancha y un cuarto jugador (el pívot), que se sitúa avanzado cerca del área contraria (**Figura 2**). Los equipos lo emplean bastante en la salida del balón, en una fase del juego denominada también «salida de presión».

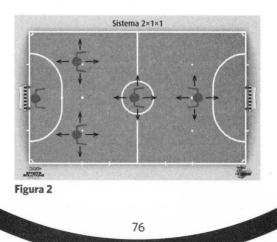

Figura 2

Sistemas de juego

Sistema 3x1

Se caracteriza por tener un jugador más fijo delante del área defensiva, dos jugadores abiertos por las alas, que ayudan tanto en defensa como en ataque, y un pívot que juega siempre un poco más adelantado (**Figura 3**). Este sistema puede observarse fácilmente cuando un equipo comienza a hacer maniobras en su área defensiva con el objetivo de llevar a cabo una jugada de ataque.

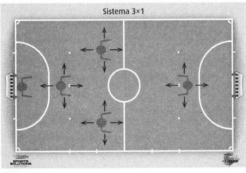

Figura 3

Sistema 1x3

Se considera demasiado ofensivo. La formación del equipo presenta un jugador fijo en defensa y tres jugadores posicionados en ataque (**Figura 4**). A veces se dice que es un sistema «suicida», pero equipos que sean muy buenos técnicamente lo pueden llevar a cabo.

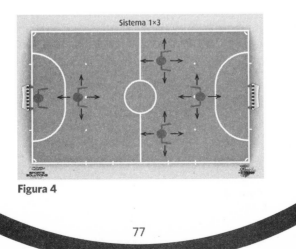

Figura 4

Sistemas de juego

Sistema 4x0

Se caracteriza por la situación de cuatro jugadores en la parte defensiva de la cancha (**Figura 5**). Se le considera un sistema moderno, pues hace que los equipos tengan gran movilidad, alternando constantemente la posición y la rotación de sus jugadores. Eso dificulta el marcaje por parte de los equipos contrarios. El empleo de este sistema, por su complejidad, se restringe a equipos bien trabajados, o sea, con un alto nivel competitivo.

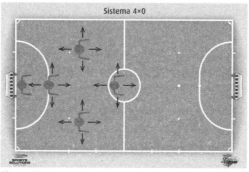

Figura 5

Sistema 0x4

Los cuatro jugadores se disponen en ataque con una posición más adelantada en la cancha y con una actitud ofensiva (**Figura 6**). Este sistema se puede emplear como opción para presionar la salida del balón del rival. Otra situación en la que se admite su empleo es cuando el equipo dispone de un portero que tenga muy buen trato de balón. Hablamos de los casos en los que hay un portero en movimiento, o sea, adelantado en la cancha y que participa en el ataque del equipo.

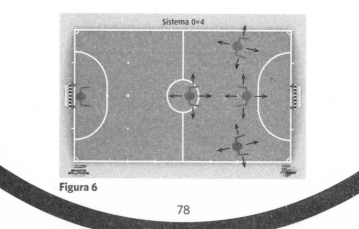

Figura 6

Sistemas de juego

Sistema dinámico de 3

Aquí hay movimiento, desplazamiento y cambios de posición de forma planificada y organizada. El objetivo principal es confundir el marcaje del equipo contrario y provocar errores para poder sacar partido de esas mismas acciones. Se configura con tres jugadores situados en la parte defensiva de la cancha y con un jugador más adelantado en ataque (**Figura 7**). Se caracteriza por el movimiento de los tres futbolistas de defensa, que llevan a cabo un cambio sucesivo de posiciones entre el jugador fijo y los alas, a la espera de que surja la oportunidad mejor de realizar la conexión con el ataque.

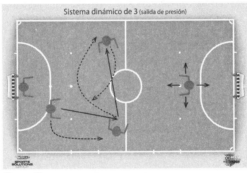

Figura 7

Sistema dinámico de 4

Esta situación táctica exige gran movilidad de los jugadores. La dinámica empleada exige atención, concentración y gran sincronización entre los futbolistas (**Figura 8**). Se puede realizar por el centro del campo (pasillo central) o por las alas (pasillo izquierdo o derecho).

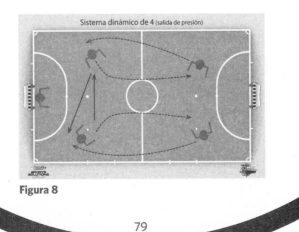

Figura 8

La importancia del marcaje

Es hora de abordar la importancia del marcaje, sobre todo en los sistemas y en los tipos de marca más conocidos y utilizados, así como en las maniobras defensivas empleadas. Son técnicas individuales y colectivas de gran dificultad y que exigen una enorme sincronización. Requieren un proceso de aprendizaje. Hay que ensayarlas mucho en los entrenamientos para poder plasmarlas luego en los partidos. El marcaje no solo depende de las cualidades individuales de los jugadores, sino también de la sincronización entre los sectores y del trabajo del equipo.

El concepto de marcaje

El marcaje puede ser colectivo o individual. Es fundamental entrenarlo bien: estamos hablando de la principal acción defensiva. Los movimientos han de sincronizarse para impedir que el equipo contrario tenga la posesión y la circulación del balón. Por eso, todos los jugadores deben perfeccionar y practicar en los entrenamientos las maniobras de aproximación, de entradas, de anticipación y de cobertura, para poder contrarrestar eficazmente el juego del adversario.

Refuerzo esta idea: para marcar bien es necesario que el equipo haya desarrollado una buena técnica individual y colectiva, cosa que solo se consigue con mucho trabajo y con mucho entrenamiento. Como hemos dicho antes, este es el «trabajo invisible» que los aficionados no ven, pero que es fundamental para alcanzar el éxito.

El marcaje se pone en marcha en cuanto el rival tiene la posesión del balón. Sin embargo, la marca puede ser muy diferente, en función de, por ejemplo, la zona del campo. Los sistemas de marcaje darán sus frutos si se entrenan bien. Es algo fundamental. Cada acción ofensiva debe ser respondida con una acción defensiva. En este deporte, la variación de los sistemas defensivos es esencial.

Hacer un marcaje significa restringir el tiempo y el espacio del adversario, para que tenga dificultades a la hora de crear situaciones de ataque. Un jugador que sepa desmarcarse siempre obtiene ventaja sobre la defensa contraria. Para desmarcarse es necesario que el jugador se mueva con velocidad, hacer cambios constantes de posición, intercambiar el balón con los compañeros (evitando retenerlo o aguantarlo demasiado) y salir de la posición permanentemente.

El marcaje se relaciona con la variación del espacio. Por espacio se entiende una extensión indefinida, un intervalo entre un punto y otro, así como la distancia recorrida por un punto en movimiento.

Considerando que, en el fútbol sala, los puntos son los jugadores, utilizaremos el concepto de variación del espacio. Podemos decir que el espacio se crea y se reduce constantemente (incluso que se elimina) en función de las situaciones de ataque, contraataque o por negligencia en el marcaje por parte del defensor.

En relación con la marca y el desmarque, en la actualidad todos los jugadores han de tener nociones de cómo atacar y defender. El jugador, cuando tiene la posesión de la pelota, debe saber desempeñar funciones ofensivas observando las características propias de su posición y de su función en el equipo. A partir del momento en que su equipo pierde la posesión, todos deben desempeñar funciones defensivas, también observando las funciones inherentes a su posición.

Principales términos utilizados cuando hablamos de marcaje

Marcaje • Es la acción de impedir que el adversario maniobre libremente con el balón. Significa no dejar jugar, esto es, enfrentarse a él de forma legal impidiendo que obtenga ventaja en las disputas del balón o que progrese con él por la cancha. Se trata de defender la portería propia contra las embestidas del equipo contrario. Este es el principal elemento de la defensa, que atiende a los cambios constantes, los matices y los movimientos.

Aproximación • Momento en que el jugador procura acercarse a su oponente buscando el equilibrio adecuado para entrarle eficazmente.

Anticipación • Es la acción de llegar a la pelota antes que el adversario. Exige inteligencia táctica (capacidad para «leer» el juego) y buenos reflejos.

Cobertura • Se puede ejercer tanto en una jugada ofensiva, para cubrir al jugador que intenta el regate como defensiva, para ayudar a un compañero del equipo durante el intento de regate del jugador adversario, formando así una segunda línea de marcas.

Entradas • El defensor entra al oponente para recuperar la posesión de la pelota o entorpecer el pase del adversario. En la acción de marca individual, es importante que no se marque el balón después de la acción de pase del oponente, sino su movimiento.

Maniobras defensivas

Se trata de la disposición de los jugadores en la cancha para impedir que el ataque del equipo contrario progrese. El objetivo es impedir que el rival progrese en la fase ofensiva. Hay que estar atento a sus pases, sus desmarques o sus remates a portería.

Hay que dificultar los movimientos de los adversarios con o sin balón. Se debe estar encima del rival para impedir que su ataque acabe generándonos peligro.

Las maniobras defensivas tienen éxito cuando impiden que el contrario cree ocasiones de gol. Y todo gracias a la marca perfecta de los defensores.

Los marcajes pueden ser hombre a hombre, en zona, mixtos o en línea. Se empleará uno u otro en función de las necesidades de cada partido. Los esquemas también varían en función del sistema atacante del rival y del resultado que campea en el marcador.

Defensa

Hay quien afirma que el mejor ataque es una buena defensa. Estoy de acuerdo en la medida en que las grandes ocasiones de gol suelen llegar por errores del adversario o por robos de balón fruto de una buena defensa: a partir de ahí nacen los contraataques. Las defensas han evolucionado mucho, debido a la mejor condición física de los deportistas hoy en día. Además, hay que tener en cuenta que, en estos tiempos, vivimos en una dinámica de fútbol sala total: todos deben saber atacar y defender.

Uno de los objetivos, si no el primero, es que la defensa (desbaratar el juego del atacante) se transforme enseguida en una acción de ataque. Si hay fluidez y rapidez, se crean desequilibrios.

Tipos de marcaje

Ahora vamos a analizar mejor cuatro tipos de marcaje.

Marcaje individual (hombre a hombre)

El marcaje individual no se preocupa directamente del balón, sino que cada defensor se centra en un oponente al que debe marcar. El objetivo es fijar a qué jugador debe marcar cada cual: limitar su libertad de movimientos e impedir que reciba la pelota.

El defensor marca individualmente al adversario asignado. Este tipo de marcaje lo utilizan equipos de más nivel. Es también el marcaje más eficaz, aunque de los más difíciles de realizar, pues exige que el equipo tenga una enorme capacidad física y una atención constante. El marcaje al hombre, al contrario que el marcaje al balón, no se preocupa directamente de este, sino del contrario al que se está marcando. No obstante, los fundamentos del marcaje al balón son importantes para un mejor marcaje al hombre.

El objetivo es marcar de forma directa a un contrario determinado. Puede, por tanto, asumir dos formas: una marca con presión individual en medio campo o una presión individual en todo el campo.

El marcaje al hombre también puede reservarse para situaciones de salida de balón, como cuando el portero del equipo contrario pone la pelota en juego.

Marcaje en zona

Aquí no importa tanto la posición del contrario como las zonas de cobertura que cada uno de los futbolistas debe cubrir. Se trata, por tanto, de un estilo de defensa en bloque, que puede ser compacto y funcionar más retrasado acompañando al balón. Cada jugador es responsable de una zona determinada de la cancha.

Fue de los primeros tipos de marca empleados. Inicialmente se desplegaba en medio campo; después evolucionó para cubrir todo la pista. El marcaje en zona o por sectores se caracteriza por que cada defensor se ocupa de un área determinada del campo y del atacante que la ocupa.

Es decir, la marca no se fija en un adversario previamente determinado, como en el marcaje individual. Lo importante es la zona que debe cubrirse. La posición de los defensores se da en función de los cambios del contrario, del movimiento del balón. Por tal razón, son muy comunes los cambios de marca. En el marcaje en zona en forma de rombo, los alas diestro y zurdo cubren las áreas 1 y 2 en sus respectivas posiciones, realizando el balance en función de la posición del balón. El lado en que se encuentra la pelota estará adelantando, mientras que el contrario reculará para la cobertura. Y viceversa, cuando la pelota vaya de un ala a otra. El cierre y el pívot se reparten la responsabilidad de la marca de las zonas centrales 1 y 2 (**ver figuras 9, 10 y 11**).

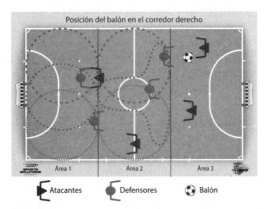

Figura 9

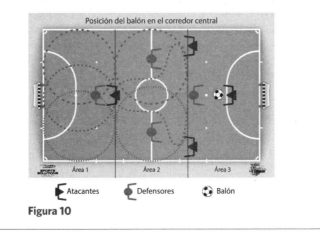

Figura 10

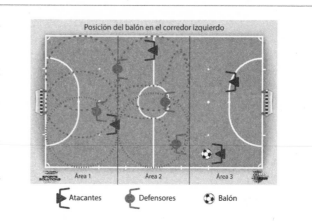

Figura 11

En las figuras 9, 10 y 11, se muestra el marcaje en rombo en función de la posición del balón.(Fuente: Morato, 2004.)

El marcaje en zona en forma de cuadrado tiene como base los sistemas 2x2 o 4x0. En este esquema, dos jugadores ocupan las áreas 1 y 2 por la izquierda, mientras otros dos proceden de la misma forma en el lado derecho. Configuran así un cuadrado imaginario. Lo mismo ocurre en el marcaje en rombo: los jugadores adelantados realizan el movimiento en función de la posición del adversario que tiene la posesión de la pelota (**ver figuras 12 y 13**).

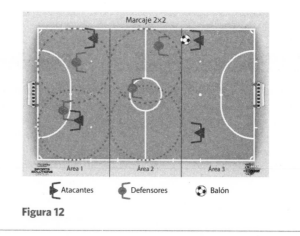

Figura 12

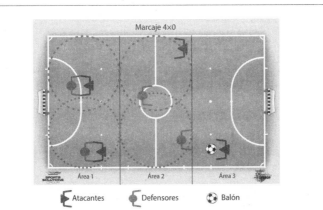

Atacantes · Defensores · Balón

Figura 13
En las figuras 12 y 13 se muestra el marcaje en cuadrado en zona en función de la posición del balón. (Fuente: Morato, 2004.)

Marcaje mixto

Es una variación de dos o más tipos de marcaje empleados en el mismo partido por un equipo. Puede iniciar el partido ejerciendo presión en medio campo y después presionar en el campo entero, en función de cómo vaya el partido. Es una combinación de los dos tipos vistos anteriormente. Los jugadores se sitúan en el sistema 1x3, con los futbolistas más adelantados marcando al equipo contrario en zona. Cuando un futbolista contrario sobrepasa la zona de uno de los defensores, este deberá marcarlo individualmente (hombre a hombre). Suele decirse que el marcaje mixto es solo una leve variación del marcaje individual.

Marcaje en línea

Hoy en día, algunos técnicos utilizan otros criterios. Durante el partido, el entrenador deberá emplear un lenguaje que el adversario no comprenda o no reconozca (con códigos, es muy común asignar números). Si es necesario, usará defensas alternas o líneas de marca. Se trata de aplicar cambios sucesivos en defensa durante el transcurso del partido, para que el adversario se desequilibre y se adapte ofensivamente al tipo de marcaje impuesto. Esas líneas son imaginarias, de acuerdo con las líneas de marca de la cancha **(ver figura 14)**.

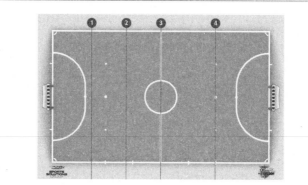

Figura 14

Línea 1, el equipo marca alto, presionando al adversario en la salida del balón.
Línea 2, el equipo marca con media presión sobre el adversario.
Línea 3, en medio de la cancha, en un marcaje básicamente de espera.
Línea 4, más atras; es un marcaje muy cerrado para aprovechar las transiciones rápidas del contraataque.

Recapitulando y resumiendo, los marcajes pueden realizarse de cuatro maneras diferentes:

Marcaje individual • *El objetivo es marcar directamente al oponente. Hay dos formas de marcaje individual, con una presión parcial y/o con una presión total.*

Marcaje en zona • *Acción de marcar un determinado espacio, zona o sector del campo/cancha.*

Marcaje mixto • *Combina acciones de marcaje individual y en zona.*

Marcaje en línea • *Se caracteriza por la división del campo en cuatro líneas.*

El marcaje es un elemento clave en todo deporte colectivo. Y el fútbol sala no es una excepción. Ahora los entrenadores pueden enseñar, y mucho, su técnica, no solo en los trabajos que realizan en la formación durante los entrenamientos, sino también después de un partido. Del desarrollo de unas buenas cualidades técnicas individuales y colectivas de marcaje depende el buen rendimiento del equipo en esa faceta del juego.

Pero es algo que no se consigue de la noche a la mañana. Es necesario mucho entrenamiento, tanto individual como colectivo. A partir de ahí se construye un equipo capaz de ejecutar perfectamente los más variados tipos de marcaje, ya sea individual o colectivo.

Estamos ante algo muy técnico y que requiere muchas horas de trabajo. No depende solo de las cualidades individuales, sino también del trabajao en equipo. Cada grupo de trabajo presenta características diferentes. Lo importante es hacer que el conjunto sea lo más homogéneo posible. Es cuestión de conseguir adecuar las técnicas, las tácticas y los sistemas escogidos a la identidad y al espíritu colectivos.

Preparación psicológica

«El problema de la preparación psicológica es uno de los más complejos en el entrenamiento deportivo, pues no se puede considerar preparación física, en la cual los deportistas se adaptan a esfuerzos físicos durante los partidos, ni preparación técnico-táctica, en la cual los deportistas se someten a determinados procedimientos que se emplearán y se aplicarán en los partidos. En la preparación psicológica, el deportista se prepara para responder positivamente a los estímulos psicológiços de cada situación, ya sea durante el entrenamiento o los partidos.»

Tubino (1984)

La preparación psicológica del deportista, sin la cual no se alcanza la plenitud en el trabajo, es más que importante. En innumerables ocasiones, un jugador excelente puede perderse y dejar de ser provechoso para el equipo por culpa de su inestabilidad emocional. Es el llamado jugador «nervioso» o «demasiado impulsivo», aquel que tiene la sangre caliente y el temperamento más complicado. El entrenador debe, por tanto, seguir un plan de entrenamiento en el que se impongan reglas de comportamiento, además de dar ejemplo a través de su actitud y su forma de actuar. Los deportistas han de tener cerca de ellos a modelos de comportamiento.

El fútbol sala actual es muy físico. Es un juego de contacto. En ciertos casos, el espacio reducido hace que la diputa pueda volverse enconada. Aquí debe intervenir el entrenador para que los jugadores puedan diferenciar entre el juego físico «viril» y el juego físico «desleal». Se debe demostrar verdadero espíritu deportivo, que ha de estar en consonancia con las reglas y las normas del juego.

Adicionalmente, podemos añadir que el preparador físico, siempre que sienta que el rendimiento de los jugadores está siendo bajo y que se ve mermado por el desgaste físico o mental exigido por los partidos y los entrenamientos, deberá ayudar a sus jugadores a soportar la presión y poder alcanzar su máximo rendimiento. Este apoyo es responsabilidad del equipo técnico.

«La preparación psicológica depende de la motivación y de la condición física; también es muy importante el nivel intelectual del deportista, para que pueda asimilar todos los aspectos abordados en los entrenamientos y después sepa ponerlos en práctica en los partidos, así como entender la forma de actuar del contrario, sus movimientos técnicos, determinados tipos de jugadas, etc.»

Fernandes (1981)

Este tipo de preparación debe desarrollarse en paralelo a la preparación física. Se han de iniciar al mismo tiempo, en el primer contacto.

En teoría, la preparación psicológica debería correr a cargo de un psicólogo. Sin embargo, no podemos olvidar que, en la práctica, ese trabajo corre a cuenta del entrenador o del equipo técnico, pues, en la mayoría de los clubes, no suele haber estructuras que comporten un equipo de trabajo tan amplio y completo.

Además, no debe olvidarse qué ayudas complementarias pueden emplearse para ayudar en la recuperación del deportista y para que alcance su máximo rendimiento. Me refiero a técnicas de relajación, masajes, discurso didáctico y educativo, etc.

El famoso «cabrito»

El «cabrito» es casi como mi tarjeta de visita. No es que lo busque, pero entiendo que la espectacularidad de la acción llame la atención de quien nos sigue. Además, todos sabemos cómo funcionan hoy en día las redes sociales. Una jugada vistosa da la vuelta al mundo al cabo de pocas horas. Cuando empecé, mi «cabrito» era más al estilo del fútbol: dos toques y más alto que ahora. En estos momentos, cuando se presenta la ocasión, prefiero hacer un «cabrito» con las dos piernas al mismo tiempo, enrollado y más abajo, en función de la altura del adversario y del espacio que tengo para correr después con la pelota. Esta evolución tiene su historia...

El famoso «cabrito»

Tenía quince años y jugaba en el Miramar cuando conocí al jugador brasileño Adriano Mide, un pívot que más tarde fichó por el Freixieiro. A Mide no le gustaba mucho hacer el balance defensivo. En uno de los partidos del Miramar ante el Fundação J. Antunes, recuerdo que Mide no bajaba a defender. Tal actitud hasta acabó siendo útil, porque el Miramar recuperó el balón y salió en una transición rápida que terminó en un contraataque.

Mide, por supuesto, estaba allí arriba plantado. Así que le llegó la pelota. Y el brasileño respondió, y de qué manera. Se giró hacia Toni y le hizo un «cabrito» perfecto. Me acuerdo como si fuera hoy: el público se quedó estupefacto. Esta acción del pívot me alentó a hacer esta jugada en los partidos. Tengo el «vicio» de observar y absorber la información de todas las personas que pasan por mi vida. Mide fue uno de esos casos: era valiente, no conocía el miedo en los momentos determinantes.

Después de ese partido, trabajé duro el «cabrito», tanto parado como en movimiento, y ante todo tipo de jugadores, incluso frente a porteros. Para inspirarme, vi muchos vídeos del brasileño Falcão, el mejor jugador de fútbol sala de la historia, que ejecutaba «cabritos» a toda velocidad y que fue, sin duda, uno de mis referentes.

Capítulo 7
Mis quiebros, mis regates y mis trucos

Desde que fiché por el Benfica (a los dieciséis años) me di cuenta de que era bueno a la hora de retener información, que luego selecciono si interesa más o menos. Siempre me gustó observar, aprender e imitar. A eso uno el don de una buena técnica; en el norte de Portugal, solían decir de mí que era un auténtico «chupón».

Tuve la suerte de aprender y de jugar al lado de grandes portugueses, como Arnaldo Pereira, André Lima, Pedro Costa, Ivan, Israel y Zé Maria. Y no solo he jugado al lado de grandes portugueses, sino que también he compartido cancha, y continúo haciéndolo, con grandes estrellas mundiales. Y siempre atento a lo que hacen, para aprender nuevos movimientos y mejorar.

Quiebros

Desde muy temprano, intenté captar lo mejor de todos aquellos a los que observo y analizo: el mejor defensor, el mejor en disparar de volea, el mejor driblando. Y no solo observo y estoy atento al fútbol sala. Veo de todo un poco. Muchas veces son vídeos de YouTube, de partidos de baloncesto o de hockey, los que me inspiran.

A menudo, me han preguntado si improviso o si lo tengo todo preparado. Francamente, no tengo respuesta para esa pregunta. Nunca sé qué voy a hacer, no existe un *timing* o un plan de fintas ni ningún truco guardado bajo la manga. En realidad, es todo muy espontáneo y natural. Pero lo cierto también es que entreno mucho cada detalle, cada finta. Es algo a lo que mis compañeros de equipo ya se van acostumbrando. Insisto y persisto. Nunca desisto. Pruebo una finta tantas veces como sea necesario para ganar confianza y poder hacerla en un partido. Tienes que arriesgarte. Pero si antes has trabajado mucho, el riesgo que corres es menor.

A veces me veo como el famoso personaje de cómics Lucky Luke, «el cowboy que dispara más rápido que su propia sombra». Soy de esos tipos de jugadores que aún no han pensado lo que van a hacer y ya lo han hecho. De boca de dos entrenadores y de un jugador he escuchado que soy el futbolista más rápido en «pasar información de la cabeza a los pies». Dejo esa valoración para los demás; nunca había pensado tal cosa, pero es bueno saber que los otros me ven así. Y mejor aún es saber que tengo ese don. Pero el don no es suficiente: entreno y entreno; solo así consigo ser mejor cada día y superar algunas limitaciones.

Para observar y captar gestos, movimientos, diferentes jugadas, ya sea de hockey, baloncesto, balonmano o de cualquier otro deporte, veo muchos vídeos. El objetivo es imitar, aprender y evolucionar. Llegué a mi nivel más alto sin perder mi «ADN», por decirlo así. Ahí están el talento y la improvisación, pero siempre hay que pensar en jugar en equipo. Mi juego no siempre fue así. Antes era más «chupón», no priorizaba el juego en equipo. Entonces me llevaba más «palos». Y era más bruto, no era tan refinado. Después comprendí que la mejor manera de rendir en la cancha es sonreír y provocar sonrisas de admiración en todos los que van al pabellón a verme jugar.

Trucos

No soy de esa clase de jugador que piensa en hacer una «elástica» o un «cabrito» antes de ejecutarlos. Prefiero llegar al momento, encarar al adversario y, dependiendo de su posición, sorprenderlo. Antes solía analizar cuál era el peor defensor del equipo contrario, el jugador más lento, el zurdo o el diestro. Pero era una cosa más casual.

Hoy estoy mucho mejor preparado. Soy más perspicaz. Eso se debe a la enorme experiencia y al vasto conocimiento que he ido acumulando sobre el fútbol sala. Y, por supuesto, nunca desprecio al rival que tengo delante. Siempre me preocupa. Siempre lo respeto.

1. El «cabrito»

He hablado mucho al respecto. Hasta he dado alguna clase. Para conseguir hacer cosas como esta en los partidos, tienes que desearlo mucho. Es mi caso. Además, debes ser ambicioso. Pero lo más importante es la dedicación y el trabajo.

No me gusta la palabra «rendirse». Detesto pensar «no lo consigo». Para lograr hacer lo que sueñas tienes que desearlo mucho. Así aprendí a hacer el «cabrito»: se lo vi hacer a Mide, en el Freixieiro, y me dije: «Yo también lo voy a conseguir».

Entonces ya lo hacía, pero de otra forma, a la manera antigua: dos toques para transportar el balón. Cuando observé a Mide, me dije: «Este tipo no lo hace como yo... Golpea con los dos pies al mismo tiempo; por eso es más rápido, cosa que hace que quizá sea más fácil...».

Pero cuando vi aquello me dije a mí mismo: «Quiero hacerlo tal cual». Lo que hacía Mide era propio de un genio. Era absolutamente maravilloso. Es un movimiento en que se anticipa al portero en un gesto de recorte bonito, mágico, de enorme dificultad en la ejecución. Vi el vídeo de la jugada de Mide ante la Fundação J. Antunes varias veces, después de haber cortado la jugada para dejar solo los movimientos que me interesaban, para aprenderlo. Lo vi en innumerables ocasiones y lo entrené. Lo repetí muchas veces hasta afinar la técnica, primero parado y luego en movimiento. Todo hasta conseguir coordinar todos los momentos y ejecutarlo a la perfección y en velocidad. Quise hacerlo primero frente a un jugador de campo (un contrario); fueron muchos, innumerables intentos, de broma, en los entrenamientos, buscando perfeccionarlo al máximo. Y aún lo hago...

Fue difícil, claro, pues tuve que adaptarme a lo que observaba. Yo soy zurdo. Mide, diestro, como la mayoría de las personas. De ahí que lo ejecute de un lado del cuerpo, y yo, de otro. En mi caso, lo veía como en un espejo (o hacía el ejercicio mental para visualizarlo como en un espejo).

Los pasos que tuve en cuenta para conseguir hacerlo con éxito fueron: observar, practicar bastante y luego... practicar aún más. Al principio, parado, sin movimiento; después llegó la fase de aprender a hacerlo primero por bajo, después más alto hasta conseguir controlarlo y completar todo el movimiento tal como pretendía ejecutarlo. Pero nunca podemos olvidar que no todos somos iguales. Yo puedo necesitar diez repeticiones. Otros, cincuenta y hasta cien.

Si quiero hacer algo, tengo que prepararme, pero, mucho más importante, primero he de saber: ¿para qué quiero aprender ese movimiento? ¿Va a ser útil? ¿Lo hago solo por hacer? ¿Voy a tener valor de hacerlo en un partido? ¿Estoy preparado para hacerlo? Debemos tener objetivos...

Sea como sea, todo está relacionado con la pelota. Se necesita tener mucho control con el balón para ejecutar todos estos gestos. Además, la coordinación motriz es importantísima, para dominar el cuerpo en el espacio, controlando los movimientos más rudos con una técnica depurada.

Sin embargo, hemos de ser realistas y marcarnos desafíos que podamos alcanzar. Quiero marcar muchos goles, como Ronaldo. Vale, está bien, pero ¿qué trabajo conlleva algo así? ¡Piénsalo! ¿Estás preparado para hacer todo lo que él hace para llegar a ese nivel de excelencia? ¿Serás capaz de añadir todo ese trabajo al talento natural que ya posees?

Imagina que no tienes tal capacidad. Por ejemplo: hacer un esprint con cambio de dirección y continuar en movimiento (corriendo) de espaldas. Si no lo consigues o no tienes destreza en la coordinación de los movimientos, olvídate: difícilmente conseguirás ejecutar un disparo tras una bicicleta... Y mucho menos un gesto técnico de la exigencia de un «cabrito» de parábola perfecta.

Otro ejemplo: podemos querer ser astronautas, pero ¿tenemos idea del enorme que trabajo que conlleva llegar allí? Aunque tengas la capacidad y el talento necesarios, hay que desearlo mucho siempre...

Si contamos con un talento innato que se manifiesta de manera precoz, es preciso que, en la fase de formación, cuando aún estamos creciendo, seamos capaces de adquirir aún más calidad. Y eso se logra con dedicación y trabajo, por tu parte y por parte de quien tiene la responsabilidad de orientarte en esa fase.

2. Los bloqueos o cortinas

Siempre podemos aprender y mejorar. Yo, por ejemplo, no sabía hacer bloqueos, ya fueran fijos o en movimiento (cortina). Cómo se hacían, por qué se hacían, las posiciones, las posturas. No sabía. No me quedó otra que aprender. Aprendí a colocarme y a usar el cuerpo: la postura más correcta para cada entrada, la posición de las piernas, así como ajustar los movimientos sin poder usar los brazos.

Saber emplear y colocar el cuerpo de la mejor forma en la protección del balón es otra de las cosas en las que tuve que trabajar y que debí aprender. Evolucioné bastante. Poco a poco, cobré ventaja sobre los adversarios y pude obtener una posición privilegiada, asistir a un compañero o conseguir rematar a portería libre de marca.

3. El «caño» a Ferrão

Es como se llama en el argot a la acción de pasar la pelota entre las piernas del adversario. El término más común es «túnel».

No veo este movimiento como una finta, sino como una opción más para desequilibrar en el movimiento ofensivo, para eludir o apartar al adversario de tu camino. A partir de ahí puedes generar una ventaja para crear una ocasión de peligro. A veces, durante un partido, esta solución se presenta en una sola jugada en cuarenta minutos, pero puede desbloquear un partido o incluso darte un título... Eso fue lo que sucedió en la final de la liga española (en el quinto y decisivo partido) de la temporada 2016-2017: fueron treinta y siete minutos de análisis constante del oponente, a la espera de que llegara el mejor momento. En este caso, me ayudó conocer bien a mi contrario (Ferrão), que es un jugador agresivo, que ataca el balón con ambas piernas y que utiliza mucho los miembros superiores. Eso le permite ocupar un espacio de aproximadamente 2,20 metros de ancho.

Por eso, a la hora de regatearlo, debía tener todo eso en cuenta. No puedes regatear desde cerca: aunque el contrario no consiga llegar a la pelota, has de tener en cuenta que todavía puede colocar los brazos y apartarte. Eso hace mucho más difícil superar a un jugador como Ferrão, que tiene una complexión física impresionante.

Como he dicho, estuve treinta y siete minutos analizándolo, pues era el jugador que caía a mi ala, siempre en el marcaje. En los movimientos del equipo, cuando teníamos la posesión del balón, en el intento de rotar y cambiar las marcas del contrario (en eso somos fuertes, tenemos bastante coordinación y una gran sintonía), el objetivo era quedar bien posicionado para encarar en el uno contra uno. Ferrão, como es un jugador que quiere situarse siempre en primera línea defensiva, hacía cambios para poder atacarme, dándole al equipo el ala contraria y situando a alguien en el poste más alejado para, en caso de que fuera necesario, poder finalizar la jugada con criterio.

Ferrão estaba ganándome algunos balones, defendía con todo: con el cuerpo, con los brazos, de varias formas. En el regate, me atacaba con la pierna izquierda, justo lo contrario de lo que podía esperar tratándose de un diestro.

Y entonces llegó el momento. El jugador adecuado, en el minuto adecuado, en el instante adecuado. Yo sabía lo que tenía que hacer. Me entró de nuevo con la pierna izquierda. La anchura entre los dos apoyos (pies) llega a generar una apertura de alrededor de un metro. Y esos apoyos se mueven para acometer al atacante, uno al lado del otro. Por eso, cuando finté hacia el interior, simulé un movimiento ligero y rápido del cuerpo, ataqué y coloqué el balón en la apertura... Y así lo superé. Me dejó esa apertura para el «túnel» perfecto. Lo único que pedía en aquel momento era que, al salir del regate, la bola quedara «redonda», esto es, en perfectas condiciones para aplicar «dinamita» con un punterazo.

El portero Paco Sedano es muy experto. Es uno de los mejores del mundo. A partir del momento en que algún adversario sale en buenas condiciones del regate por el ala, él (que es rapidísimo y enorme) avanza enseguida para hacer la cobertura y se aproxima para acortar espacios entre él y el balón, cerrando ángulos y protegiendo la portería.

Por eso sabía que tendría que ser rápido y perfecto en la ejecución de los movimientos para descargar un remate violento y colocado donde quería (de abajo hacia arriba), contrario al movimiento de Paco, que se movería de arriba hacia abajo sin caer del todo. Solo así podría sorprenderlo. Si perdía tiempo, sería más difícil batirlo; por tanto, justo al salir del regate, disparé con la puntera: el tiro fue adonde yo quería.

La concentración tiene que ser máxima. Ahora puedo decir que todo fue fruto del análisis que hice durante el partido. Siempre estoy observando: esté dentro o fuera del campo. Después hay que esperar el momento adecuado. ¿Sabía cuándo iba a llegar? Pues no, pero esperé el momento de que se conjugaran varios factores. Y, así, con trabajo individual y colectivo, con talento y suerte, llegan jugadas perfectas que concluyen brillantemente en goles.

Todo en décimas de segundo.

4. Visión periférica

Otra virtud que me atribuyen es cómo me muevo sin balón. Incluso sin balón, estoy siempre pensando. El mejor ejemplo fue el gol que le marqué al Kairat, en la semifinal de la UEFA Futsal Cup 2016-2017.

Lo único que tenía pensado, que yo sabía en esa jugada, era que Divanei, mi adversario, no iba a conseguir bascular tan fácilmente al lado derecho, porque, como yo, es zurdo y tenía más dificultades para atacar la pelota y mi posición desde su lado débil. Douglas, el compañero que le hizo la cobertura (yo ya lo había visto), vino con todo, pues sabía que llegaba tarde y que la única forma de interceptar la pelota era tirarse en un *tackle* deslizante, el llamado «barrido».

Diría que duró unos pocos segundos, pero, en mi cabeza, todo sucedió a la velocidad de la luz...

Sabiendo que Divanei iba a reaccionar tarde (porque no era su lado bueno), arranqué, basculé hacia la banda izquierda y me di cuenta de que Douglas ya venía hacia mí con toda su energía y velocidad. ¿Cómo lo hice? Usando la visión periférica, que te permite disponer de una noción clara de lo que tienes enfrente y alrededor, aunque esté fuera de tu foco principal de visión. Esa fue una de las cosas que me enseñó el Maestro Zego.

Sabía que Douglas iba a hacer un «barrido», por lo que adelanté la bola; en la siguiente zancada (sabiendo que el Kairat hace muy bien la cobertura, pues se coloca muy bien en 2x2 y podía llegar en un instante a ser muy eficaz), inicié el regate y recorté (el contrario pasó de largo, con un *tackle*, pero sin alcanzarme...). Luego di un toque orientado para controlar con el pie contrario, el derecho. Me pasé el balón (acariciándolo) de nuevo (como en un vaivén) a mi mejor pie (el izquierdo) y disparé potente y colocado. El guardameta, Higuita, con técnica de portero de escuela brasileña, salió de rodillas, por lo que tuve que colocar el balón por alto, para que no tuviera tiempo de reaccionar.

Y todo esto se hace en milésimas de segundo. Simplemente, apliqué lo que entrené y aprendí con el Maestro Zego, la visión periférica: saber anticipar cómo y por dónde debo desplazarme y moverme en el espacio para conseguir ventaja antes de tener la pelota (obtener ventaja sobre el marcaje directo y ganar una distancia de, al menos, un metro). Y después, ya con la pelota, saber conducirla y orientarla, para quedar en perfectas condiciones de asistir o disparar a portería.

De este modo, intento ponérselo lo más difícil posible al adversario y aprovechar las oportunidades que me da el juego.

5. El «Issy Akka» frente a Serbia

El gol que le marqué a Serbia en el Europeo de 2016 fue calificado como «truco», «finta», «regate» y «jugada de pura magia». La verdad es que me inspiré en el talento del holandés Issy Hitman, un jugador de fútbol callejero, que creó trucos como el «Akka 3000», el famosísimo «Issy Akka» y muchos otros. En la actualidad, forma parte de un proyecto que se llama «Reyes de la Calle».

Es amigo mío e incluso fuimos compañeros en el Inter Movistar (en un paso breve por el equipo). Llegamos a jugar varios torneos juntos. Issy incluso organizó un torneo con mi nombre, que se disputó en Holanda y al que, por desgracia, no pude asistir.

Cuando vi a Issy hacer el truco (sí, para él es un truco), le dije: «Un día voy a hacer este regate…». Y fue entonces, en aquel partido ante Serbia (equipo anfitrión), en el Europeo, en el escenario soñado, en un pabellón repleto, cuando hice que toda esa gente se quedara boquiabierta y luego esbozara una sonrisa.

Camino de ese partido, nuestro equipo iba nervioso, pues estábamos ante un partido decisivo para pasar a la fase siguiente. ¡Y justo contra los anfitriones! Ellos marcaron primero, en un contraataque. Momentos después, igualé el marcador con uno de los mejores goles de mi vida.

Ya había entrenado el regate, pero no había pensado cuándo hacerlo (en realidad, nunca se escoge el momento). En cuestión de segundos, miré a mi alrededor y vi que la cobertura (defensa en la ayuda) estaba lejos. Eso me daba espacio suficiente para crear y atacar.

El portero de Serbia, Miodrag Aksentijeviç, no realiza coberturas. En esa jugada estaba en mi lado menos habitual y favorable, el izquierdo (normalmente jugamos con la pierna contraria al ala que ocupamos, para poder bascular hacia el interior, hacia el pasillo central). Entonces simulé que iba a arrancar por mi derecha. Me detuve bruscamente, trabé la pelota y finté el disparo (aunque fuera de lejos). El jugador que se acercaba se escurrió cuando intentó interceptarme. Se quedó atrás, de forma que me encaró y me entró con su pierna derecha. Me di cuenta, miré, pisé el balón y, sabiendo que me atacaría cada vez que levantara la cabeza, pues tenían esas instrucciones, pensé y actué.

Fue en ese preciso momento: él atacó la pelota con la pierna derecha y yo me dije: «¡Ahora!». Pim, pam, pum. Salió perfecto, lo sentí y arranqué (normalmente no arranco, sino que opto muchas veces por el pase). Regateé y él ni siquiera colocó los brazos. Se quedó parado con el regate. Tardó en reaccionar y no se movió. Pasé por el lado contrario al del balón, controlé con el pecho (sabía que venía la ayuda porque ya la había visto) y la pelota salió redonda y perfecta para que pudiera disparar con mi pierna buena. Sabía que tenía que desviarla del guardameta, que es alto y se coloca siempre en posición como de portero debalonmano. Fue bien...

A partir de ese momento, empezamos a sentir el calor del público. Me acuerdo de oír, en el momento en que marqué el gol, un «¡ohhh!» de asombro que recorría todo el pabellón. De mis compañeros de equipo, recuerdo que João Matos se llevó las manos a la cabeza. Fábio Lima corrió hacia mí. Víctor Hugo salió de la portería para llamarme «loco». Yo me limité a vivir el momento, en éxtasis.

A la llegada al hotel, tenía el móvil completamente bloqueado y no conseguía acceder a las redes sociales: los mensajes de felicitación no tenían fin. Ahí fue donde me di cuenta de lo que había hecho. A la hora de la cena, la gente a mi alrededor me aplaudía sin parar, me pedían fotos, autógrafos. No paraban de hacerme preguntas. El propio jugador serbio implicado en la jugada confesó como en un desahogo: «¿Por qué yo? Ahora voy a salir en todos los periódicos y televisiones del mundo».

Actualmente, ya no entreno mucho esa maniobra. La empleo mucho más como pase. Todos la conocen y saben que la puedo hacer en cualquier momento, así que ya toman algunas medidas para defenderse; se protegen con otro tipo de entrada y defienden mejor. Por el contrario, por ejemplo, empecé a aplicar más el famoso pase de «rabona» (dándole al balón por detrás del pie de apoyo), que ahora he trabajado más en posición de remate. Es como hacer el «Akka», pero a la inversa.

En esa jugada (que felizmente acabó en gol) puse talento y coraje, pero también una de mis mejores virtudes: la capacidad para decidir en una fracción de segundo. Pedro Costa, un compañero del Benfica y de la selección nacional al que admiro mucho y que fue uno de mis mayores referentes, me dijo hace unos años, cuando estuvimos juntos en el Estádio da Luz: «Eres el jugador que conozco, con quien he jugado o al que he visto jugar, que traslada más rápido la información de la cabeza a los pies».

Durante mucho tiempo, me pregunté qué quería decir con eso. Normalmente piensas, visualizas y ejecutas. Pero yo no visualizo. Yo pienso y ejecuto de inmediato. Algunas veces, no sé si eso es bueno o malo. Puede ser un don... No lo sé.

El «Issy Akka» de Ricardinho

- *Echó el balón hacia atrás con la pierna izquierda, por la parte de fuera, hizo el efecto elástico para poner la bola delante de él y a la espalda del adversario que estaba marcándolo.*

- *Al levantar la bola, le dio un efecto circular para facilitar el control y la inmovilización posterior.*

- *Obtenida la ventaja sobre el oponente que lo marcaba, pasó por la derecha y recuperó el balón (que pasó por el lado izquierdo) aún en el aire y con el pecho. Lo controló y se lo puso delante para el remate con el pie izquierdo (su mejor pie).*

6. La táctica del Maestro Zego

Si tuviera que escoger una táctica, una sola como la mejor, sería siempre el 0x4. Desde que empecé en el fútbol sala con Carolina Silva, soy fan incondicional del ataque con el sistema 0x4. Con ella me inicié en este apasionante e increíble deporte. Y a través de ella conocí a António José Azevedo, más conocido como «Zego», el gran maestro y gurú del fútbol sala. Él fue una de las personas más importantes en mi carrera como jugador. Es el creador de uno los sistemas de juego más utilizados. En su libro *Momentos ofensivos* explica cómo los creó.

Desde esa época me quedé enganchado con ese juego de movimiento continuo, con un sistema que exige estar siempre muy activo. Como ya expliqué, los cuatro jugadores de pista se colocan en una disposición más avanzada en la cancha, o sea, con una actitud más de ataque. Este sistema se utiliza cuando se quiere presionar al equipo adversario de forma activa e intensamente en la salida de bola.

El Maestro Zego, además de ser el creador del sistema 0x4 (que la mayoría de veces se denomina «4x0»), el ya popular «cuatro en línea» en los movimientos ofensivos del fútbol sala, vio talento en mí y empezó a someterme a entrenamientos específicos. Me enseñó los movimientos de rotación, a levantar la cabeza para tener visión de juego y a utilizar mi pierna más débil. A partir de entonces, yo, que era un niño feliz, vi que alguien creía en mi potencial y todo cambió.

Cuando el Maestro Zego me encontró, yo era un «vaso vacío»: solo era un niño que venía del fútbol. Lo que sabía de fútbol sala era entre poco y nada. Era solo lo que jugaba en el barrio. Guardaba toda la información que iba recibiendo. Cuando revivo alguno de aquellos momentos, recuerdo que volvía a casa muy frustrado después de una hora de entrenamiento, de dar pases con el pie derecho contra una pared. En esa época, aprendí también qué era una «paralela» y una «diagonal». Antes solo sabía fintar como un «juego», hacer «caños».

El Maestro Zego también me inculcó lo importante que es el espíritu de equipo y el juego colectivo. A veces, el jugador no tiene su mejor día, no consigue dar el cien por cien de sí mismo. En esos momentos, hay que correr sin balón, abrir espacios para un posible pase y pensar en el resto del equipo, no solo en uno mismo.

Soy feliz por saber que mi admiración por el Maestro Zego es correspondida. Le cedo la palabra:

《Realmente, cada vez me sorprende más. Y quien quiera disfrutar con su juego debe observarlo no solo cuando tiene la pelota en los pies, sino que ha de analizar sus actuaciones de manera más amplia. Tiene un índice altísimo de recuperación de balones. Sus coberturas son perfectas, rápidas, y la conducción en el contraataque es rapidísima y orientada siempre a un objetivo. Utiliza las dos piernas con maestría, como demostró en el primer gol contra el Kairat (en la semifinal de la UEFA Futsal Cup 2017). Pero principalmente destaco un detalle: su movimiento sin balón cuando un compañero tiene la posesión. Observen eso en sus partidos y verán que él, sin balón, no deja de pensar.》

Zego

7. Interactivo y didáctico con el equipo técnico

En el Inter Movistar tengo una función diferente de la que tenía, por ejemplo, en el Sport Lisboa e Benfica, donde había más desequilibrios. Hoy, en el Inter, el tipo de juego es muy diferente. Tenemos un esquema de pase y contención, pero todo es mucho más rápido y dinámico. Naturalmente, por mi trayectoria, y por mi ejemplo en los partidos y entrenamientos, sé que puedo y debo ser un referente para mis compañeros de equipo.

Se valora mucho mi opinión. Siempre que tengo algo que decir. Y los compañeros y el equipo técnico suelen atenderme. Me gusta hablar, comentar o corregir cosas en ciertos momentos. A menudo asumo el papel de portavoz. No rehúyo la condición de líder. Y esa condición implica también estar en primera línea cuando se trata de recibir e integrar a los que llegan nuevos.

Nuestro pívot en la temporada pasada (2016-2017) era Humberto. Es un pívot diestro muy dinámico. Cae al ala fácilmente. Por el contrario, esta temporada han llegado Elisandro y Solano, dos pívots zurdos, pero más fijos, de los llamados pívots «de referencia». Ellos vienen para ayudar al equipo, pero me obligan a adaptar mi tipo de juego. Nos debemos amoldar los unos a los otros. Sin embargo, yo soy el primero en ceder para que ellos entren fácilmente en el sistema de juego y en el espíritu del equipo.

A medida que va avanzando la temporada, no me inhibo a la hora de intervenir en el trabajo de los entrenamientos y voy haciendo mis comentarios: «Progresa más por esta ala, porque ellos no hacen la cobertura». O: «Cuidado, que en este momento prefiero tener la banda libre». No sustituyo al entrenador, claro. Solo estoy intentando ayudar al equipo compartiendo mi experiencia sobre el juego y los adversarios.

8. Paralelas y diagonales

Una «paralela» es el movimiento ofensivo en el que el recorrido del atacante se realiza de forma paralela a la línea lateral. Una «diagonal» es el movimiento ofensivo en el que el recorrido del atacante se hace en diagonal a la línea lateral.

A veces, se puede confundir la trayectoria recorrida por la pelota con la trayectoria que hace el jugador... Cuando decimos «haz una diagonal», nos referimos al recorrido del atacante; cuando decimos «haz un pase en diagonal», nos referimos, obviamente, a la trayectoria del balón. Y hasta podemos decir: «Haz un pase paralelo para una entrada en diagonal del jugador».

La definición, solo por sí misma, se refiere siempre al trayecto recorrido por el jugador en la ejecución de su movimiento ofensivo. Los pases podrán ser paralelos, diagonales, por alto, picados...

Las paralelas y las diagonales no deben ser los únicos movimientos; si no, podrían convertir el juego ofensivo del equipo en pobre, sin carácter y anárquico. Deben encuadrarse en un conjunto de varios movimientos coordinados, que se denominan táctica o sistema de juego, y cuyo objetivo fundamental es crear desequilibrios en la defensa contraria.

9. Talento y mucho trabajo, más experiencia

Hoy en día, no trabajo tanto el análisis por anticipación como en el pasado. Tengo más experiencia. En la mayor parte de los casos, conocemos bien a los adversarios. Es en el partido cuando la inspiración, el talento o la experiencia marcan la diferencia.

Hago muchas horas de entrenamiento con balón. Sea cual sea el tipo de entrenamiento, siempre me gusta tener la pelota conmigo. Asumo esta relación, este permanente contacto, esté como esté, descansado, cansado, pero siempre motivado y con buena disposición para jugar, innovar, tenga mucho o poco espacio, sea haciendo pases difíciles, o por abajo, o por arriba, picados... Y otra cosa: siempre estoy al acecho para hacerle mis «diabluras» a cualquiera que pase, sobre todo en las pausas del entrenamiento. La idea es descomprimir.

Mi intención es sorprender. Quien quiera disfrutar del juego debe observar a los jugadores no solo cuando tienen la posesión del balón, sino más allá. Las estadísticas dicen que tengo un elevado índice de recuperación de balones (disculpad que hable de mí, pero soy el jugador al que mejor conozco...). Lo consigo porque siempre intento usar las dos piernas con pericia y rapidez. Y siempre intento estar preparado para transformar el robo de balón en una acción atacante, con transiciones a toda velocidad. Mi objetivo, incluso cuando defiendo, es llegar a la portería contraria.

PARTE III
MI TRAYECTORIA

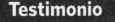

Testimonio

Pedro Dias

Director de la Federación Portuguesa de Fútbol

Fue en Vila Nova de Gaia, en el año 2001, en el pabellón de Gulpilhares, casa del histórico Miramar Futsal Clube. Entonces tuve el privilegio de asistir al debut de nuestro Ricardinho en el Campeonato Nacional de Primera División. Era un adolescente, tenía dieciséis años y debutó esa tarde.

Desde entonces, Ricardo se ha convertido en un jugador «galáctico», un deportista excepcional, la mayor estrella del fútbol sala. Y, sin ningún género de dudas, en el mejor embajador de este deporte. Nuestro capitán. Es un referente del deporte portugués y es, sobre todo, un buen hombre.

Capítulo 8
De mi barrio al podio

De los partidos en el barrio a las grandes competiciones mundiales... El camino fue largo. Mi historia deportiva se escribió dentro y fuera del campo, con episodios que me marcaron, decisiones más o menos ponderadas y mucho trabajo de por medio. Hoy, después de haber sido considerado cinco veces el mejor jugador de fútbol sala del mundo y tras conseguir el tan deseado título de campeón de Europa con la selección, puedo decir que mantengo la misma humildad e idéntico orgullo por ser portugués.

Nací el 3 de septiembre de 1985 en Fânzeres, un pueblo pequeño de la comarca de Gondomar. Era un lugar muy tranquilo en el que todo el mundo se conocía. Era como una pequeña aldea. Empecé a jugar al fútbol sala en el Gramidense, el club de mi tierra. De ahí pasé al Miramar, de Vila Nova de Gaia, club presidido entonces por el fallecido José Manuel Leite. Aún en edad júnior, accedí al primer equipo y acabé fichando por el Sport Lisboa e Benfica, que acababa de empezar en el fútbol sala con un proyecto ambicioso: intentar repartirse la hegemonía con su gran rival, el Sporting. Debuté con la selección nacional con apenas diecisiete años. Actualmente, juego para el Inter Movistar de Madrid, después de pasar por el equipo japonés Nagoya Oceans y por el CSKA de Moscú.

Dónde y cómo empezó todo

Mi padre es de Cerco; mi madre, de Fânzeres. Allí fue donde comencé a jugar con mis amigos, en una plaza en medio de la calle en la que había unos bancos donde descansaban las personas mayores. Usábamos la parte de debajo de los bancos como portería. Jugábamos durante horas. Allí no importaba ni el peso ni el tamaño, no importaba nada. Después nos mudamos a Gondomar. Debía de tener unos doce años. Aquel era un barrio humilde, pero para nosotros era como una urbanización privada con excelentes condiciones, porque tenía una cancha cerrada. Íbamos todos los días. Hasta en el día del bautizo de mi primo, fui allí y reventé los zapatos del todo. Mi madre casi me mata. Era un niño con mucha energía que solo quería jugar a la pelota.

Aprender en la calle

Mi padre trabajaba en el mercado de abasto de Oporto y traía mucha fruta a casa. Yo cogía las naranjas y las manzanas para jugar, pues no teníamos dinero para balones, por desgracia. Empecé haciendo trucos en casa y me llevé algún que otro «coscorrón» de mis padres, porque no debía estropear la fruta. Pero aquello, para mí, era una cosa redonda y que servía para jugar. Todavía ahora, cuando voy a pasar el fin de semana a Gondomar y hay naranjas encima de la mesa, mi padre me dice: «Hace unos años, ya habrías tirado todas estas naranjas por el suelo».

Me emociono y se me saltan las lágrimas. El tiempo pasa y los niños de hoy parece que no valoran nada de eso. Solo quieren ordenadores y ese tipo de cosas. Yo jugaba hasta con calcetines y cinta adhesiva. Como jugaba siempre con niños mayores (tenía entonces catorce años), aprendí con ellos. Eso sí, cuando empezaba con las filigranas, no les hacía demasiada gracia.

El niño que quería ser...

Siempre quise ser jugador de fútbol. Y me animaban para que lo fuera. Para mí, todo giraba en torno al balón. En el colegio solía llamar a mis padres porque me pasaba el rato jugando. Y, claro, después llegaba a las clases sudado como un pollo. Casi no conseguía escribir y mojaba los cuadernos. Los profesores les pedían a mis padres que me llamaran la atención, pero que no me prohibieran jugar, porque realmente podía tener un futuro.

Crecer con el balón en los pies

Desde que tengo uso de razón, la pelota es mi compañera más fiel. No tenía que ser un balón, podía ser cualquier cosa: bastaba que tuviera forma redonda. La llevaba debajo del brazo a la escuela y aprovechaba cualquier pequeña pausa para jugar con los amigos. A veces, no era necesaria ni una pausa. Nos entusiasmábamos con un «partidillo» y faltábamos a alguna que otra clase para no dejarlo a medias.

Al final de las clases, por increíble que parezca, se mantenía la rutina y se repetía el ritual. Cada uno iba a su casa a dejar la mochila con los libros, avisábamos a las madres y nos íbamos a un pequeño campo improvisado, en la parte alta de una colina. Lo llamábamos «la Cuesta». Allí jugábamos hasta la hora de cenar. Convertíamos los bancos del jardín en porterías; el parque, en nuestro estadio: un estadio en el que las cercas, los columpios, las farolas y los tiestos de flores no suponían un obstáculo para dar alas a nuestra imaginación. Cada uno asumía el papel de su ídolo. De repente, allí se alzaba un parque transformado en un «estadio» imponente y aun así pequeño para acoger todo el talento de tantas estrellas en el mismo lugar. En resumidas cuentas, mis amigos y yo compartíamos el sueño común de muchos niños del mundo: llegar a ser jugadores de fútbol algún día.

Mis padres nunca me impusieron grandes límites. Ellos solo me exigían una cosa: tenía que estudiar. Si pasaba de curso, tenía libertad para estar en la calle con mis amigos jugando a la pelota todo el tiempo que quisiera. Así pues, aunque no me gustaba la escuela, fui sacando adelante los estudios. Todo porque tenía miedo de que me prohibieran jugar a la pelota.

En esa época, aquello me aburría un poco: estar enterrado entre libros, cuando podía estar practicando mis fintas y perfeccionando mi técnica, me parecía una pérdida de tiempo. Sin embargo, hoy reconozco que mis padres tenían toda la razón y que solo querían lo mejor para mí. Como siempre, en realidad. Por ejemplo, desde muy pronto, mi madre me enseñó a asumir responsabilidades, incluso en lo que tenía que ver con el fútbol.

Siempre que quería ir con mis amigos a jugar a un club, ella tenía que firmar una autorización, pues yo era menor. Y siempre me decía lo mismo: «¿Para qué quieres ir a jugar allí? ¿Estás seguro? ¿Crees que es lo mejor para ti? Está bien, tú eres el que sabe». Después, si me arrepentía, era mi problema. Fue su forma de enseñarme a pensar, ponderar y evaluar todo muy bien antes de tomar una decisión.

Cuando tuvimos que mudarnos de casa por culpa de un incendio, salí de Fânzeres, donde jugaba al fútbol once. Fui al Cerco, un club que quedaba más cerca de la localidad donde vivía. Aun así, seguía estando lejos y no entrenaba, porque no tenía dinero para el transporte. Ellos tampoco podían pasar a buscarme siempre para los entrenamientos. No obstante, como era un buen jugador, podía ir solo los días de partido. O sea, jugaba sin entrenar. Más adelante, cuando me mudé a Valbom, las cosas se volvieron más difíciles, pues perdí el contacto con toda la gente a la que conocía. En aquel momento no tenía móvil, claro. Fue entonces cuando tuve que dejar el fútbol...

No conocía a nadie, la temporada estaba a la mitad. Y yo, que no era más que un crío, en medio de todos esos cambios no intenté buscar un club. Para mí, supuso un gran disgusto quedarme sin jugar durante lo que quedaba de temporada. Sin embargo, al año siguiente, ya había hecho amigos. Uno de ellos me preguntó si quería ir con ellos a las pruebas para jugar con el Gondomar. Fui corriendo, claro. Cuando llegamos, demostré calidad suficiente para quedarme, pero él no. Como es evidente, yo no quería quedarme solo, así que no volví a poner los pies allí. Imaginad, estaba acostumbrado a un tipo de amigos, y los chicos que me encontré en aquel sitio me parecieron todos «niños bien». No me quise quedar. Cosas de críos.

Ahora, cuando miro atrás, creo que ese fue el momento en que mi camino se alejó de la senda del fútbol once. Pero entonces, claro, no podía saber que aquella circunstancia que tanto me hizo sufrir traería a mi vida una nueva y fantástica aventura deportiva.

El descubrimiento de mi gran pasión

Algo desilusionado por las pocas oportunidades que había tenido para demostrar mi valía real en el fútbol, me sentí un poco perdido y sin saber qué rumbo tomar, ya que mi gran sueño era jugar al fútbol. Sin embargo, luego me encontré. Algunos de mis amigos decidieron probar suerte en el fútbol sala, en un club pequeño llamado Gramidense. Y «me arrastraron» con ellos, porque, para mí, en aquel momento, el fútbol sala era un deporte menor, algo que se jugaba en la calle. Estaba bien para dar unos toques, para hacer algunas fintas y poco más. Quizá para pasar el tiempo.

Temeroso, les dije que no, que no iba con ellos: no me gustaba el fútbol sala. Me quedé sin jugar medio año. Y ya tenía catorce años. Finalmente, fui a partidos de mis amigos. Entonces el «bichito» entró en mí y empecé a pensar que aquello podía estar bastante bien. Me convencieron para que me uniera al equipo. Pero, como ellos eran juveniles y yo era cadete, seguí sin querer ir: no estaría en el mismo equipo que mis amigos. Solo cuando me dijeron que, a pesar de ser más joven, podía serles útil y jugar en su categoría, me dejé convencer para ir a entrenar con el Gramidense.

Cuando llegué allí, la entrenadora, que era Carolina Silva, comenzó a meterse conmigo por mi altura: por entonces medía poco más de 1,30 metros. «Debes haberte equivocado, aquí no tenemos categoría benjamín...», bromeaba. Yo, avergonzado y sonrojado, reuní valor para preguntarle si mi amigo Huguinho le había hablado sobre mí. Le pedí que me dejara entrenar con ellos. «Si aciertas la respuesta a esta pregunta, puedes entrenar: ¿cuántos lados tiene una pelota?», disparó ella. «¿No lo sabes? Una bola no tiene lados, ¿no?», insistió. «Mire, quizá sí que tiene. ¡El lado de dentro y el lado de fuera!», concluí. Le gustó mi respuesta, se rio y así fue como empecé a entrenar con ellos.

El Gramidense: los primeros pasos

Al principio, cuando empecé en el Gramidense Infante F. C., mi primer club de fútbol sala, aún tenía muchos vicios del fútbol. Lanzaba pases desde atrás y en profundidad y cosas por el estilo. Carolina, nuestra entrenadora, me decía que tenía madera, pero que debía perder esos hábitos: debía empezar a jugar más corto. Con el tiempo, me fui acostumbrando a la forma de jugar del fútbol sala (tan diferente a la del fútbol de campo) y me fui integrando en el equipo.

En los dos primeros partidos, no jugué. Los adversarios eran enormes. Ya estaba en los juveniles, aunque yo solo era cadete. La verdad es que no las tenía todas conmigo. Pero en el tercer partido, contra un equipo de Maia, íbamos ganando 8-0 y Carolina me mandó entrar en el campo. Nunca lo olvidaré, jugué con el número 11. Entré, regateé a todos los jugadores del equipo contrario y marqué un gran gol. A partir de ahí, conté con el cariño de todos, aficionados, compañeros… Entonces dejé atrás mis reticencias y el miedo. Empecé a jugar más regularmente y no he dejado de hacerlo en todos los equipos por los que he pasado.

Del Gramidense al Miramar

En la presentación de la categoría júnior del Miramar Futsal Clube, volví a oír la misma «cantinela» de siempre. El presidente del club, al ver mi altura, preguntó a Carolina si no debía jugar en los juveniles. Todavía estaba ella diciéndole que mi lugar estaba allí cuando yo salté y le dije que, si iba a jugar con los juveniles, me iría de allí inmediatamente. Aún me acuerdo de su respuesta: «Está bien, está bien... Voy a dejar que te quedes ahí con tus amigos para que no llores».

La temporada empezó muy bien para nosotros. Enseguida nos hicimos con el primer puesto del campeonato regional de la A. F. de Oporto. En ese momento, ya llevaba setenta goles marcados. No estaba mal para un pequeño al que dejaron quedarse en el equipo júnior solo para que no llorara...

Empezamos a entrenar con el equipo sénior los viernes: fue un punto de inflexión para nosotros. Jugar con aquellos cracks era un sueño hecho realidad. En las filas de los séniors del Miramar estaban, entre otros, André Lima, Coco, Miguel Mota, Israel... Una lista interminable de jugadores referentes de este deporte. Para nosotros, era un privilegio entrar en la cancha con ellos y aprender de su experiencia y de su talento.

Cuando ya se acercaba el final de temporada, el míster, Raul Castro, que era el entrenador de los séniors en aquel momento, le dijo a Carolina que quería empezar a llevar a algunos jugadores del equipo júnior a entrenar regularmente con los mayores, para ver si podrían integrarse en el primer equipo la temporada siguiente. Así pues, empezó por llamarnos a Rui Alves, Paulo Pinto, Huguinho y a mí. Las cosas nos fueron bien a todos. Sin embargo, pasadas unas semanas, ya solo íbamos Rui Alves y yo. Hasta que, al final, solo me llamaban a mí para entrenar con los séniors. Me quedé un poco triste: solo tenía dieciséis años y ya dejaba de entrenar con mis amigos. Y allí me vi: en medio de un grupo de hombres. Pero las cosas son como son. Para progresar en aquello que nos gusta, tenemos que hacer sacrificios.

Debut a los dieciséis años en el equipo sénior del Miramar

Empecé a tener entrenamientos por la noche. André Lima pasaba cerca de mi casa a recogerme y me llevaba. Yo abría la puerta y decía: «Don André Lima, ¿puedo entrar?». Y solo cuando él me daba permiso, me subía la coche. Me sentaba allí, calladito hasta el entrenamiento. Era un niño tímido rodeado de grandes jugadores. Llevaba la bolsa de André, entraba en el vestuario y dejaba que todos se sentaran para ver dónde sobraba un espacio para mí. Y trataba a todos los jugadores de «usted». En el fondo, esa fase fue una cura de humildad.

Sin embargo, en un momento dado, con solo dieciséis años, empecé acusar el esfuerzo físico. Entrenaba todos los días después de la escuela, el sábado jugaba con el equipo júnior y el domingo competía con los mayores. O sea, que no tenía tiempo para descansar. ¡Y muchas veces jugaba con los juveniles! ¡Llegaba a jugar tres partidos en un fin de semana!

Llegó un punto en que casi no podía ni correr. Afortunadamente, Carolina empezó a percibir el enorme desgaste al que estaba sometido y tomó una decisión. Fue a hablar con el míster Raul y le dijo que, si realmente me querían en el equipo sénior, tenían que gestionar mejor mi carga de entrenamiento; de lo contrario, iban a acabar conmigo. A partir de entonces, empecé a entrenar con el equipo júnior y solo a veces con el sénior. También se acabó el disparate de jugar tres partidos en un fin de semana. Entonces volví a progresar. En los últimos tiempos, había sufrido muchos problemas físicos, que se reflejaban en mi juego.

Sentí el apoyo de mucha gente en aquellos momentos, incluso de los jugadores del equipo sénior: eso lo hizo todo más llevadero. Hasta que cierto día llegó el momento de debutar con el equipo sénior, frente al Famalicense.

En la víspera del partido, en el último entrenamiento, el entrenador me dijo que estaba convocado para el partido de los séniors.

Recuerdo que empecé a sudar. Aquella noche casi no pegué ojo. Creo que dormí con la mochila a la espalda, para no olvidármela. Quedé con un compañero para que me fuera a buscar a la Rotunda do Freixo, que estaba a treinta y cinco minutos a pie desde mi casa. Hice todo el camino corriendo, porque tenía miedo de llegar tarde: llegué una hora antes. Cuando llegamos al campo, estaba completamente sudado. Los demás bromeaban: «¿Ya has estado jugando, Ricardinho?». Nunca pensé que fuera a entrar en el partido, porque eran ocho séniors. Creí que estaba allí para hacer bulto en el banquillo de los suplentes.

Me convocaron porque André Lima e Israel no podían jugar. Les habían expulsado en el partido anterior, contra el Instituto D. João V.

Conmigo en el banquillo de los suplentes, empezamos perdiendo. Entonces pensé: «Ahora sí que no juego, seguro». Pero conseguimos empatar. Entonces, de repente, Raul Castro dijo: «Vamos, Ricardinho». ¡Me mandó saltar a la cancha! Solo que… en aquel momento había otro Ricardinho, así que no me moví de mi sitio. Aquello no podía ir conmigo, ¿no? Pero el míster insistió y los otros comenzaron a empujarme: «Vamos, hombre». Pensé: «Estamos empatados, ¿para hacer qué?». Entré. Maradona marcó con la «mano de Dios», y yo creo que fue Dios quien me echó una mano para marcar tres goles en ese partido. Ganamos 5-1, pero el entrenador me sacó antes de que acabara el partido: me dijo que estaba más blanco que la pared.

¡Tres goles en mi debut! Me convertí en la estrella, en el diamante por pulir, en el protegido de todos. Tuve que mantener los pies en el suelo. Si me dejaba deslumbrar, nadie me iba a sostener. La gente del Miramar se portó maravillosamente conmigo: hicieron un trabajo inmejorable para protegerme y para que no me creyera cosas que no eran.

Los primeros premios

Aun así, la semana siguiente, el presidente José Manuel Leite me dijo que iba a empezar a patrocinarme la marca deportiva brasileña Dalponte. Hasta entonces, yo jugaba con unas Rainha (también una marca brasileña), unas zapatillas viejas que me habían dado, pues no tenía dinero para comprarme unas.

En esa misma semana, me entregó un cheque de veinte contos (cien euros) en mano. Me dijo que era un premio por lo que había hecho en el partido contra el Famalicense. «Esto es un premio por tu juego», fueron sus palabras. Yo no había tenido dinero en mi vida (desgraciadamente, mi madre solo me daba lo que podía para que me lo llevara a la escuela: una moneda), y va ese hombre y me da un papel. Y un papel, para mí, no era nada. Me lo guardé. Cuando llegué a casa, se lo di a mi madre y le dije que no sabía bien qué era. Y ella coge el cheque y empieza a llorar: «Hijo mío, esto es dinero. Son veinte mil escudos». Me sentí muy orgulloso de poder ayudar a mis padres.

Me quedé sin palabras. Nunca había tenido siquiera mil escudos en la mano, mucho menos veinte mil. No me lo podía creer. Le dije a mi madre que comprara lo que necesitara para la casa.

Cambio completo, joven revelación en la temporada 2002-2003

A partir de ahí, las cosas cambiaron completamente y empezaron a ir bien. Marqué diez goles más en once partidos. El único encuentro en el que no marqué fue en la derrota por 3-2 ante el A. R. Freixeiro, cuando tenían aquel *Dream Team* que se proclamó campeón nacional en la temporada 2001-2002, con Pedro Costa, Arnaldo, Formiga, Joel, Catatau y compañía.

En cualquier caso, la época de los séniors acabó y volví con el equipo júnior para jugar la fase final. Nos proclamamos campeones nacionales frente al Sporting. Yo, a pesar de haber faltado a diez partidos, marqué ciento dieciséis goles en la categoría: todo un récord.

Dado el indiscutible valor del equipo, acabamos por integrarnos todos en el plantel sénior del Miramar al año siguiente. Además, cabe decir que el Miramar estaba atravesando una grave crisis financiera y perdió a la mayor parte de sus jugadores, que ficharon por equipos rivales.

Encaramos la temporada 2002-2003 casi solo con jugadores júnior. Eso se dejó ver al final de la temporada. Colectivamente fue mal: acabamos descendiendo. Individualmente, fue una época de aprendizaje en la que pude jugar con bastante regularidad. Aunque fuera solo por eso, resultó muy positiva. Marqué veintisiete goles, fui el jugador revelación de la temporada y, allá por diciembre, el Benfica comenzó a mostrar interés por contratarme. No pasó en ese momento, pero sí algunos meses más tarde.

Fichaje por el Benfica 2003-2004

Aparece el interés del Sport Lisboa e Benfica. Fue noticia en el periódico: «El Benfica quiere a Ricardinho». Empecé a reírme, claro. Soy una estrella, ¿has visto? Pensé que era mentira. Sin embargo, pasados tres o cuatro días, llamaron a mi padre, que es quien tenía móvil. Cuando me lo dijo, me puse a llorar. No sabía si era de felicidad o miedo por tener que hablar con ellos, en Lisboa.

En aquel momento, mis padres hacían algo muy bueno por mí: decían que debía ser yo quien decidiera. Ellos no iban a tomar ninguna decisión por mí. Mi padre me decía: «Si un día te das con la cabeza en la pared, será por tu culpa, no por la mía. Pero yo estaré aquí para ayudarte». Cuando el Benfica me llamó, ganaba setecientos cincuenta euros (para mí, eso ya era ser rico) en el Miramar. Me acuerdo perfectamente. Entonces el ingeniero Luís Moreira me ofreció mil novecientos euros. Aquello era un «cambio» impresionante, como dicen los españoles.

En ese momento, mi madre no trabajaba. Por su parte, mi padre ganaba unos quinientos euros, si mal no recuerdo. Yo, muy ingenuo, les pregunté si la familia necesitaba ese dinero. Y ellos respondieron que sí. Así pues, a pesar de querer quedarme con mis amigos, en mi ciudad, en mi barrio, acepté.

Por increíble que parezca, en mis dos primeros años en el Benfica, solo me quedaba con cincuenta euros; el resto se lo mandaba a mis padres, para ayudarlos. Iba a Oporto de vez en cuando. Me llevaban André Lima o Arnaldo. Claro que ellos no me dejaban pagar nada, porque yo era como su «niño».

Sin embargo, alguien intentó que no fichara por el Benfica. Antunes y Freixieiro también habían presentado ofertas, pero fue el club de Matosinhos el que apareció en mi casa con una maleta llena de dinero (cinco mil euros). Para un niño como yo, de barrio, ver todo ese dinero era algo de otro mundo. Pero mi madre lo rechazó. Dijo que éramos pobres, humildes, pero que teníamos palabra. Ya nos habíamos comprometido y habíamos dicho que iba al Benfica. Y fui.

Ahora soy viajero, me encanta viajar, pero en aquel momento no. Recuerdo que el día que me marché estaba todo el barrio en la puerta de mi casa, todos lamentándose y llorando, porque para ellos Lisboa estaba como a cincuenta horas de distancia. Parecía que me fuera a Japón o a la otra punta del mundo. «Ay, no te veremos nunca más, mi niño.» Y solo estaba a tres horas de casa en tren.

La marcha al Sport Lisboa e Benfica hizo que me fuera de casa de mis padres, a vivir solo lejos de mi familia. En aquel momento, fue José Manuel Leite, mi «padre del fútbol sala» (es así como lo llamo), quien me llevó por primera vez a Lisboa en su coche. Mis padres iban en el asiento de atrás, muy llorosos. Sin embargo, al mismo tiempo, se sentían muy felices: sabían que su hijo iba camino de un sueño. Siempre estuve muy apegado a mis padres; tal vez por eso no pudieron contener las lágrimas.

Cuando llegamos a Doña Maria, en Caneças, en los alrededores de Lisboa, mi madre quiso asegurarse de que su hijo quedaba en buenas manos y en buenas condiciones: dónde iba a comer, dónde dormiría, con quién iba a vivir, con quién compartiría aquella casa mientras me adaptaba a la nueva realidad (tuve a Arnaldo y a André Lima como anfitriones, nada más y nada menos). Yo no estaba acostumbrado a salir del barrio (las posibilidades y los recursos financieros eran poquísimos). Mi madre siempre me tenía a la vista.

En realidad, al principio, la vida no fue fácil. Sin nadie en Lisboa, con dieciséis años, solo pensaba en volver a Oporto. Vivía en Caneças, en el «fin del mundo», en una casa del ingeniero Luís Moreira, que en aquel momento era el máximo responsable de la sección de fútbol sala del Benfica. Pero ahí estaban mis compañeros Arnaldo y André Lima: ellos fueron mi salvación. Me enseñaron mucho. Me ayudaron a estirar mis cincuenta euros, para que siempre parecieran mucho más. Me da hasta vergüenza contarlo, pero entonces fui por primera vez a un centro comercial. No daba crédito, no estaba acostumbrado a ver lo que veía. Y, claro, ellos se reían de mí.

Las cosas cambiaron. Solo conseguía ir a casa de mis padres una o dos veces al mes. Emocionalmente, los primeros tres meses fueron los más duros de toda mi carrera. Incluso me planteé dejar el Benfica. Hoy, después de tanto tiempo, recuerdo ese periodo con otra mirada… Si hubiera dejado el Benfica, habría sido la peor decisión de mi vida. Probablemente, habría acabado por ahí perdido en un equipo de fútbol cualquiera. ¿Quién sabe? Si me hubiera ido al norte de Portugal, quizás hubiera estado más cerca otra vez del viejo sueño de ser jugador de fútbol once. No sé. Probablemente, hubiera cometido otros errores.

En el Benfica aún me esperaba un largo proceso de aprendizaje en muchos campos de la vida. Al principio, jugaba poco. El míster, Alípio Matos, me preguntó si estaba triste. Le dije que quería marcharme, porque apenas participaba en los partidos. Él me respondió:

«Aguanta, muchacho, porque vas a ser el mejor de toda esta mierda… Puedes marcharte, pero cometerás el mayor error de tu vida. Tú aquí serás un ídolo, estás creciendo y estás en el club adecuado. De aquí a poco tiempo, serás el ídolo de toda esta gente, del Benfica y no solo del Benfica…»

Me acuerdo de un partido contra el Instituto D. João V, en Loures, en el pabellón Paz e Amizade, que en aquel momento era la casa «prestada» del Benfica. Perdimos y jugué muy poco tiempo (incluso así, marqué dos goles). Y sabía que no iría convocado la semana siguiente. Solo quería volver a casa...

Por todo eso, y también porque ya tenía novia, me volví al norte sin intención de regresar. Durante el fin de semana le dije a mi madre que iba a quedarme. Fue ella la que llamó al míster Alípio Matos para decirle que no quería bajar a Lisboa. Pero me obligó a volver, porque tenía que cumplir mi compromiso como profesional. Volví y llegué llorando al primer entrenamiento de la semana.

Alípio, don Armindo y Carolina hablaron conmigo y me dieron los consejos necesarios. Me dijeron todo lo que necesitaba oír. Llegaron incluso a preguntarme si quería volver a ver a mis padres vivir sin medios, o si quería darles un futuro mejor y llenarlos de orgullo, a pesar de los sacrificios que tendría que hacer. Podía irme, claro, yo conocía mejor mi vida. Además, en su equipo no querían jugadores que estuvieran a disgusto. Pero me pidieron que no lo hiciera. Que me quedara.

Si acabé quedándome y no me rendí, en gran medida se lo debo a la persistencia del míster Alípio Matos, del dirigente Armindo Cordeiro y de mi amiga y entrenadora Carolina Silva. Gracias a ellos me quedé en Lisboa.

Tentativa frustrada de volver al fútbol

Por desgracia, también hubo una oportunidad de experimentar con el fútbol once, pero después no se concretó. Se abrió una puerta y vino un camión y se puso delante, como suelo decir. Entiendo que las personas que trabajan para la prensa escrita quieran dar noticias, pero cuando esta salió en el periódico antes de tiempo, el Departamento de Fútbol Profesional del Benfica reculó, sobre todo porque era un año en que no habían ganado nada y porque arriesgar con un jugador profesional quizá no haría mucha gracia a sus aficionados. La idea era hacerlo todo discretamente y con sigilo, pero desgraciadamente resultó imposible. No obstante, eso me hizo ganar aún más fuerza para seguir demostrando mi valía en el fútbol sala y llegar adonde he llegado hoy.

El sueño de ser jugador de fútbol once se quedó en el camino. No obstante, me siento realizado por lo que hice y lo que soy. Claro que no me olvidé de ese sueño. Nunca sabré si hubiera estado a la altura de ese desafío (creo que sí). No obstante, la verdad, es algo en lo que ya no pienso.

Campeonato de Europa 2007, en Gondomar

Mi debut en fases finales con la selección en una gran competición oficial llegó en el Europeo de 2007, que se celebró precisamente en Portugal, en mi tierra natal, Gondomar.

Debuté a lo grande: marqué cuatro de los doce goles de Portugal. Caímos en las semifinales contra España (la campeona), pero solo en los penaltis, después de empatar a dos en el tiempo reglamentario. La selección nacional acabó el torneo en cuarta posición, tras la derrota (3-2) ante Rusia en el partido por el tercer y cuarto puesto. España conquistó la competición al ganar a Italia (3-1) en la final. Colectivamente no fue lo que había soñado, pero individualmente acabé siendo considerado el mejor jugador de la competición. Gané el premio al Jugador de Oro.

El «magistral» gol en las semifinales frente a España en la Euro de Gondomar

Contra la selección española marqué un gol que acabó, por así decirlo, por funcionar como un «desbloqueo» para todo lo que a partir de entonces me atreví a hacer ante grandes equipos. Si lo había conseguido frente a la poderosa España de Luis Amado, que fue uno de esos grandes porteros, entonces era posible repetirlo frente a cualquier adversario...

El balón atravesó el campo de un lado a otro en una diagonal perfecta, después de un pase picado de Pedro Costa (Costinha). Llegó por el aire hasta mi pie izquierdo, para que pudiera conectar un remate imparable (de arriba abajo) que batió a aquel «monstruo» de portero, Amado. La jugada la habíamos ensayado en el Benfica, donde jugábamos ambos. Una de las veces que el balón salió de la cancha, hice señas a Costinha indicándole que aquel sería un buen momento para ejecutar la jugada. Negó con la cabeza, receloso, pero insistí y acabó haciéndolo. No soy vanidoso, pero fue uno de los mejores momentos del Europeo, un gol de gran factura.

Por otra parte, debe de haber sido una de las peores celebraciones de un gol de la historia. Recuerdo haber visto ese vídeo: insultaba a Costinha, como si quisiera reforzar el mensaje de que no había razón alguna para dudar. Por su cabeza debían de pasar pensamientos del tipo: «¿Cómo ha pensado en algo así en un partido como este, frente a un equipo como este?». Pero, en mi cabeza, solo cabía una determinación: «Sin miedo».

Es cierto que arriesgué bastante, pues me defendía el mejor defensor de todos los tiempos, el ya retirado Enrique Boned Guillot, más conocido como «Kike» Boned, el jugador que más veces ha defendido la camiseta de la selección española. Pero salió bien.

Un breve paso por Rusia

Después del terremoto que viví en Japón, me asusté y quise abandonar el club y el país de inmediato. Surgió la posibilidad de fichar por el CSKA de Moscú, donde ya jugaba un internacional portugués, mi gran amigo Fernando Cardinal. El paso por Rusia también me dejó claras ciertas cosas. Es verdad que ganaba mucho dinero, pero el dinero no lo es todo en la vida. Además de ser un país muy peligroso, llegué a la conclusión de que no tenía las condiciones para progresar, principalmente porque entrenaba muy poco, solamente una vez al día.

El equipo técnico del CSKA estaba compuesto por los entrenadores portugueses Paulo Tavares (principal) y Nuno Dias (adjunto), que contribuyeron a que no se dieran las condiciones ideales para que pudiera progresar en el más alto nivel. No al menos como yo quería. Decidí dar la vuelta y dar por terminada mi aventura rusa.

Último paso por el Benfica

El Benfica necesitaba alguien que fuera a ayudar. Pero cuando llegué, a media temporada, no me sentí bien recibido en el vestuario. Era un equipo perdido. El entrenador Paulo Fernandes ya no tenía el control. Eran dos o tres jugadores los que tenían más o menos un grupito hecho...

Y yo no sentí la esencia del Benfica. El punto final fue cuando el Benfica jugó la final de la Copa de Portugal frente al Modicus Sandim, en Oliveira de Azeméis. Victoria por 2-1. Hice un buen partido, pero sin más. El autor de ambos goles fue Joel Queirós. Por desgracia, la RTP decidió hacer la elección de mejor jugador a través de la red social Facebook...

En una broma con el portero Bebé, antes del partido, solté un comentario que después sentó mal: «Hoy, si metiera tres goles en propia puerta, me elegirían mejor jugador». En ese momento, mis compañeros respondieron, también bromeando: «Claro, con tantos seguidores». Lo que es cierto es que acabé por ganar el premio, y eso acabó por afectar al ego de algunos jugadores, especialmente al de Joel Queirós.

Dos días después de volver a los entrenamientos, el ambiente no era el mejor. Incluso se puede decir que había algo de malestar en el grupo. En las redes sociales escribieron frases que no me sentaron nada bien y que me enfadaron mucho. Cosas del tipo: «Ha vuelto a Portugal para tener protagonismo otra vez y para quitárselo a quien tiene protagonismo de verdad».

Sentí que estaban denigrando mi imagen. Me sentí enfadado y triste.

Al final de esa temporada, en una conversación con otro compañero, el brasileño César Paulo, recuerdo haber escuchado una de las peores frases que he oído en mi vida. En ese momento, le dije: «Nunca pensé que le hicierais esto al Benfica: crear grupos, separar al equipo». A lo que César Paulo respondió: «Ricardinho, al final de la temporada, te marchas porque tienes contrato con otro equipo; él (Joel Queirós) se queda. ¿Qué quieres que haga?»

Hoy en día, todavía habló con César Paulo, quien me ha pedido disculpas muchísimas veces por lo que pasó entonces.

La división en la plantilla continuó durante mucho tiempo. Ahora sé que no quiero vivir de nuevo una experiencia como aquella. Respecto a volver al Benfica, como es el club de mi corazón, jamás lo descartaré. Quién sabe, pero es necesario que el Benfica quiera.

Salí del Benfica al final de la cesión, después de ayudar a conquistar el «doblete», los dos títulos nacionales (Campeonato Nacional y Copa). Estoy seguro, a pesar de todo, que fue una buena decisión. En su momento, quedé agradecido con el director deportivo João Pedro Ferreira y con el club. Pero también decidí que, a partir de ese día, nunca más cambiaría de club a mitad de temporada. «En diciembre nunca más me mudo a ningún sitio.» Esa fue una de las reglas que acabé imponiéndome a mí mismo. Aprendí esa lección.

Pero no fue la única. De esos meses pasados entre Rusia (CSKA de Moscú) y Portugal (SL Benfica), concluí que, cuando sintiera que un compañero del equipo estaba en mi contra, debía hablarlo con el equipo técnico.

Finalmente, regresé a Japón, al Nagoya Oceans. Me quedaba solo un año de contrato. Durante la temporada, un agente español contactó conmigo y surgió la posibilidad de marcharme a la mejor liga del mundo, para fichar por el F. C. Barcelona o por el Inter Movistar. El interés de ambos equipos era muy grande y empezaron las negociaciones. En aquel momento, el F. C. Barcelona pagaba mejor, ya que el Inter Movistar estaba pasando una mala racha. El Inter no ganaba títulos desde hacía algún tiempo y aún estaba pagando a jugadores que no militaban en sus filas. Ante ese panorama, sentí que, si fichaba por los madrileños, podía dejar una marca en un club que no ganaba desde hacía cinco años. Además, el Barcelona estaba en sus «años dorados».

Por otro lado, debo reconocer que, aunque la liga de Japón aún no es muy conocida, sí que me sirvió para progresar y madurar. Además, en cierto modo, me dio el «visto bueno» para llegar a la mejor liga del mundo: la LNFS.

Los goles del Europeo de 2016

En el Europeo de 2016, nuestra selección no pasó de los cuartos de final, cuando cayó 6-2 frente a España. En la fase de grupos marqué un gran gol frente a Serbia (del que ya he hablado en otro capítulo), pero acabamos por perder ese partido y terminamos segundos, cosa que nos situó en la parte del cuadro de España.

En aquella derrota contra los españoles, marqué uno de esos goles que un día enseñaremos a nuestros nietos... Sabía cómo Andresito intentaría robarme la pelota; entonces me saqué de la manga el famoso «cabrito», que fue la forma de superar su marcaje directo por el ala. También sabía que si chutaba desde el lado donde estaba, Paco Sedano lo tendría complicado, ya que el portero español, que era muy alto, debía flexionar las rodillas para cerrar la parte inferior; eso le quitaba algo de movilidad.

Tiene gracia, porque, antes del partido contra España, Pola, mi compañero del Inter Movistar, me había enviado un SMS en el que me decía que el equipo español estaba preparado para cualquier cosa que pudiera inventarme...

Mejor del mundo en 2010, 2014, 2015, 2016 y 2017

Individualmente, me queda muy poco por lograr. Puedo sentirme orgulloso de haber alcanzado un nivel de excelencia al que pocos pueden aspirar. No he perdido la ambición, pero sé que la edad no perdona y que el éxito no dura para siempre.

Ya en 2008, después de marcar cincuenta y un goles y de que el Benfica conquistara todo lo que podía ganar, sentí que merecía el reconocimiento como uno de los mejores del mundo, pero eso solo ocurrió por primera vez en 2010. Ese año, con la conquista de la tan deseada UEFA Futsal Cup —aquel sueño del exdirigente del Benfica (el ingeniero Luís Moreira fue uno de los responsables de la entrada del club en el fútbol sala) que pocos consideraban posible—, se convirtió en una distinción inevitable.

Era realmente el sueño de mucha gente (de todos), desde el ingeniero hasta el presidente, los compañeros y todo el *staff*. Fue una conquista brutal, una sensación única. Y se logró contra el mejor equipo del mundo. Fueron momentos inolvidables con el único equipo portugués que ha sido capaz de ganar un título europeo hasta ahora. Aquel año toqué el cielo: fue fantástico.

Creo que ser el mejor del mundo es un momento. Si haces una temporada fantástica, si marcas muchos goles y si tu equipo gana títulos, es más fácil que te nombren «mejor jugador del mundo». Aunque eso fue lo que pasó en Japón, y no me dieron nada. «En Japón, hasta yo soy bueno», debieron de pensar. Tuve que venir a la mejor liga del mundo, la LNFS, y enfrentarme a los que supuestamente son también los mejores del mundo para disipar las dudas. Parece que la gente solo ve la liga española...

Sin embargo, mucho más importante que conquistar un título fue ganarme el respeto de los entrenadores rivales, de los adversarios, de mi entrenador, de mis compañeros. Un portugués al que se recibe con una fiesta en todos los pabellones de España, al que se aplaude y que tiene que pararse a saludar, a hacerse fotos o a firmar autógrafos durante una o dos horas. Eso sí que es un gran trofeo para mí.

Por eso digo que estoy en mi mejor momento. Estoy en el mejor equipo del mundo y en la mejor liga del mundo. El Inter cuenta con muchos seguidores. Aunque no tiene la mayor afición, me siento muy bien tratado y espero continuar aquí durante muchos y buenos años.

El «tetra» en la LNFS
y la consagración mundial

Acepté el desafío del Inter Movistar cuando el club atravesaba una grave crisis deportiva y financiera. Ahora, económicamente, está saneado. Cuando decidí venir a España, lo hice ganando mucho menos de lo que ganaba en Japón, porque tuve que venir a «mostrarme» a los españoles. Son muy desconfiados: «Es bueno en Portugal y en Japón, pero quiero verlo en España». Firmamos un contrato que se revisaba cada tres meses, en función de mis prestaciones. Y, poco a poco, mi sueldo se fue acercando a lo que ganaba en Japón. Afortunadamente, estoy muy bien aquí.

Si fichaba por el Barcelona, hubiera sido uno más para ganar títulos, porque el Barcelona estaba por encima y en una racha. Pero, si iba al Inter y ganábamos títulos, se me iba a considerar uno de los factores del cambio. Renuncié al dinero. Luego fue llegar, ver y vencer.

Hace dos años, estuve a punto de ir al Barcelona. Al final de la temporada pasada tenía ganas de cambiar, porque ha sido un ciclo de cuatro años en que no nos quedó nada por ganar, pero no llegué a un acuerdo con dos de los equipos con los que hubo negociaciones y sentí que quedarme en el Inter sería lo mejor. Renové el contrato hasta 2020, y espero cumplirlo, con más triunfos y alegrías.

Cuando fiché, el Inter necesitaba una «estrella»; acababa de perder a Matías Lucuix (internacional por Argentina), que se lesionó gravemente en el Mundial de Tailandia. Fue el director deportivo Julio García (que jugó en la élite y que vistió la camiseta del Boomerang Interviú y de la selección española) el que apostó por mí y quien llevó las negociaciones, con la aprobación del presidente, José María García. Eso sí, el técnico, Jesús Velasco, no las tenía todas consigo.

Cabe decir que la elección fue del director deportivo y del presidente. Velasco fue directo y me lo dejó claro. Pero eso hizo que sintiera más ganas de ir ganándome un espacio en aquel poderoso equipo. Hoy en día, nuestra relación es bastante transparente. Siempre que no me siento cómodo con algo, puedo hablar con el entrenador sin problemas. El míster se preocupa por mí a la hora de gestionar mi estado físico y mi potencial. Hablamos mucho. Y lo cierto es que no tengo dudas: actualmente, Jesús Velasco es el mejor entrenador del mundo. Es el nuevo Zego.

Julio me llevó al Inter y García me recibió con los brazos abiertos. Fue una sociedad que demostró ser todo un acierto. El Inter apostó por Ricardo. Yo aposté por el Inter, incluso bajando mi «contrato».

Mi llegada en 2014 trajo consigo mi consagración y el reconocimiento mundial. Los años siguientes (2015, 216 y 2017) reforzaron el trabajo individual y colectivo. No es fácil conquistar a los españoles, pero en España ya me llaman cariñosamente «Su Majestad»... Una de las cosas de las que estoy más orgulloso es del respeto y de la admiración con que me reciben en todas partes, incluso las aficiones rivales.

El año 2017, no obstante, supuso un final de etapa que conllevó un gran sacrificio por mi parte. Disputamos cinco partidos en la final de la liga española. En ellos aguanté dolores en el tendón de la rodilla derecha. ¡Qué esfuerzo más grande! En uno de los partidos de los *playoff* recibí una entrada fuerte de un jugador del equipo Catgas Energía y me quedé con bastantes dolores. No había tiempo para recuperarse. Incluso sometido a tratamiento, no faltaba a los entrenamientos para no perder el ritmo competitivo. En la semifinal, marqué tres goles contra el Magna Gurpea en el primer partido. Pero el dolor iba a más.

Cuando llegó la final, no me sentía bien: no estaba a mi mejor nivel. Cuando acababan los partidos, me desahogaba con el entrenador y se lo explicaba, pero Velasco estaba satisfecho con mi rendimiento y me decía que mi momento llegaría. En el tercer partido, nos golearon; en el cuarto, goleamos; en el quinto, último y decisivo partido, me llevé otra patada en el tendón derecho y ya no tuve fuerzas para continuar. Velasco me pidió que aguantara y que no abandonara al equipo en los minutos finales: me necesitaban. Y entonces conseguí el gol que nos dio la victoria (2-1) y el título. Fue el célebre «túnel» a Ferrão.

Príncipe da Arabia

Durante el Ramadán, los musulmanes se alimentan solo durante la noche. Para intentar ayudar en el ayuno y en la concentración durante el mes sagrado, algunos jeques árabes promueven actividades deportivas, entre ellas el fútbol sala. Una de las más populares es el Torneo de Al Roudan, en el que participan algunas estrellas mundiales. En 2012, me invitaron a jugar a Kuwait y reté a Gonçalo Alves (que actualmente es *team manager* en el SL Benfica) a que viniera conmigo a disputar el torneo del Ramadán.

El viaje, con escala en Turquía, fue muy cansado. Y aquello no era para nada lo que nos esperábamos. Defraudó completamente nuestras expectativas. Nos alojaron en un mal hotel, sin desayuno incluido y solo con derecho a cena, pues es la única comida que los locales dan durante el Ramadán. Fue una situación algo inesperada y hasta desagradable.

Deportivamente, el torneo era solo «apariencias»; la calidad de la organización no se correspondía con las exigencias de un trofeo internacional. Cada equipo solo podía contar con dos extranjeros; el resto de los jugadores eran locales y con poca calidad. El resultado fue una competición mediocre, muy lejos de las expectativas creadas.

No es algo que me impresionara, precisamente, pero la verdad es que estábamos allí y habíamos firmado un contrato. Por tanto, no nos quedó otra que cumplir con nuestro compromiso y disfrutar del resto de la «aventura».

Más tarde vivimos una nueva experiencia: en Dubái, conseguí cerrar un contrato fantástico con los jeques que organizan un All-Star Game de Fútbol Sala durante el Ramadán, el mediático torneo de la NAS Futsal Tournament. La inversión es alta, con buenos premios. Además están las excelentes condiciones propuestas: hotel de cinco estrellas, coche las veinticuatro horas al día y dietas incluidas. Fue llegar, ver y vencer. El primer año en que participé, mi equipo ganó el torneo y marqué tres goles en la final. Todo perfecto.

A partir de ahí, los responsables y los aficionados se identificaron bastante con mi forma de ser y de jugar. Mi disposición a interactuar con los demás y mi humildad fueron factores determinantes para que siguiera acudiendo a esos torneos. Desde entonces, contactan siempre conmigo para jugar durante mis vacaciones, en la época de Ramadán.

Solo lamento que el Ramadán se vaya adelantando siempre en el calendario y que los jugadores profesionales de Europa no puedan ir la mayoría de las veces. Casi todos los futbolistas que juegan las finales de su campeonato no pueden participar. No es compatible, puesto que no pueden cancelar los contratos que tiene con sus respectivos clubes para jugar el torneo. Albergo la esperanza de que la organización algún día entienda que para que el torneo tenga calidad debería jugarse en la pausa de los campeonatos, que es cuando los jugadores están libres de sus compromisos.

Continúo visitando el país, donde siempre me reciben maravillosamente. Me tratan como un verdadero «príncipe de Arabia». Siempre que voy hacen que me sienta como en casa. Además, ya hace varios años que voy a Dubái en fin de año para pasar parte de mis vacaciones.

En este torneo he tenido la oportunidad de jugar contra los mejores del mundo (o con ellos) y siempre intento llevar a algunos de mis amigos, porque sé que le dan un salto de calidad al torneo, que son competitivos y que juegan para ganar. Siempre quise llevar conmigo a compañeros que me ayudaran a llevar el nombre de Portugal y del fútbol sala lo más alto posible. Además, en una de estas aventuras conocí a una de las mejores personas del fútbol sala, el entrenador y amigo Rui Guimarães (que durante algunas temporadas entrenó a equipos de los Emiratos Árabes Unidos), con quien establecí un fuerte lazo de amistad y respeto.

La selección nacional

No hay palabras para describir la conquista del título europeo de selecciones en 2018. A pesar de todos los títulos individuales y colectivos logrados en mi carrera, había algo que siempre me impedía ser plenamente feliz: me faltaba la guinda del pastel, un título con la camiseta de Portugal. Hicimos historia en la undécima edición, en Eslovenia. Ahora, finalmente, puedo decir que he alcanzado todos mis objetivos.

He estado presente en las fases finales de las grandes competiciones internacionales de fútbol sala, Europeos y Mundiales, desde 2007. Y la selección obtuvo buenos resultados. Pero faltaba un gran título, lo mismo que le sucedía a la selección de fútbol once hasta el Europeo de Francia de 2016. Estos últimos años han sido extraordinarios.

Mi primera partido internacional llegó el 26 de junio de 2003, en un partido ante la selección de Andorra: ganamos 8-4. En aquel momento, con diecisiete años, aún era jugador del Miramar. Pero fue el 29 de junio de 2003, en el pabellón municipal de Loulé, ante Eslovaquia, en el Torneo Internacional del Algarve, cuando me estrené como goleador. En este momento, soy el cuarto jugador con más partidos internacionales con Portugal (158). El primero es Arnaldo, con 208, después vienen João Benedito (181) y Gonçalo Alves (171).

Por otro lado, con ciento treinta y cinco goles, soy el máximo goleador del equipo nacional. En total, he jugado ocho fases finales de las grandes competiciones desde 2007 (solo me perdí el Europeo de 2010, en Debrecen, Hungría, por culpa de una lesión). Y todo empezó en casa, en el Europeo de Gondomar.

EUROPEO 2007, Portugal

Terminamos cuartos, después de uno de los episodios más dramáticos para el equipo nacional: en semifinales, ante nuestro público, Portugal se quedó muy cerca de alcanzar su primera final en una gran competición. Gonçalo Alves y yo marcamos para poner el 2-0, pero los españoles empataron en los últimos cinco minutos. Después nos ganaron en los penaltis. Me nombraron mejor jugador del torneo.

MUNDIAL 2008, Brasil

El Mundial de Brasil no fue bien y acabamos eliminados en la fase de grupos, solo por la diferencia de goles.

EUROPEO 2010, Hungría

Llegó nuestra primera final. Después de una primera fase bastante desigual, hicimos una recta final de la competición fulgurante. Eliminamos a Serbia en cuartos de final, a Azerbaiyán en semifinales y solo nos pudo parar en la final una superEspaña (4-2). Yo estaba lesionado, así que me quedé en Portugal.

EUROPEO 2012, Croacia

Dos años después, caímos en cuartos de final frente a Italia, por 3-1.

MUNDIAL 2012, Tailandia

Otra vez Italia se interpuso en nuestro camino. Esta vez fue más doloroso: en cuartos de final, íbamos ganando 3-0 y acabamos perdiendo 4-3 en la prórroga.

EUROPEO 2014, Bélgica

Y como no hay dos sin tres: en Bélgica, de nuevo perdimos frente a Italia (4-3), en semifinales. En la final de consolación por el tercer puesto, España nos ganó por 8-4.

EUROPEO 2016, Serbia

Caímos en los cuartos de final ante España (6-2).

MUNDIAL 2016, Colombia

La derrota contra Argentina (5-2) en las semifinales nos condenó a jugar por el tercer puesto, donde caímos en los penaltis contra Irán, después de empatar 2-2 en el tiempo reglamentario. En este campeonato, me convertí en el máximo goleador de la selección nacional de fútbol sala: fue el 13 de septiembre, cuando marqué seis goles en el triunfo contra Panamá por 9-0. Fui el máximo artillero del torneo con doce goles, una distinción que dediqué al equipo.

EUROPEO 2018, Eslovenia

Y, por fin, ¡el campeonato! Habíamos estado tantas veces tan cerca..., y ahora llegaba nuestro momento. Victoria contra España en la prórroga (3-2). Me consideraron el mejor jugador del torneo. Recibí el trofeo de manos del presidente de la UEFA, Aleksander Ceferin. Fui el máximo goleador (siete goles) y estuve en el quinteto ideal del campeonato. Además, me convertí en el mejor goleador europeo de todas las fases finales (veintiún goles), destronando al legendario jugador ruso Eremenko. Sin embargo, las distinciones individuales no tienen importancia alguna comparadas con la inmensa alegría de ser ¡campeón de Europa con Portugal! Ya lo he dicho alguna vez: no cambio mis cinco balones de oro al mejor jugador del mundo (pues fueron fruto del trabajo), pero cuatro de ellos sí que los cambiaría por un título con la selección. Por otro lado, cuando me hablaron de un posible paralelismo con lo que sucedió en Francia con la lesión de Cristiano Ronaldo en la final de la Eurocopa y el triunfo de la selección lusa, no lo dudé: no me importaba que sucediera lo mismo, que yo cayera lesionado, pero que Portugal se hiciera con el campeonato. ¡Y, caramba, acerté de pleno!

Capítulo 9
Mi palmarés

Nombre
Ricardo Filipe da Silva Braga, «Ricardinho»

Edad
32 años

Fecha de nacimiento
3 de setiembre de 1985

Nacionalidad
Portuguesa

Lugar de nacimiento
Gondomar

Altura
1,67 m

Peso
70 kg

Posición
Ala

Clubs
Gramidense Infante F. C., Miramar, Sport Lisboa e Benfica, Nagoya Oceans, CSKA de Moscú, Inter Movistar Futsal Club.

Redes sociales

http://www.ricardinho10.com/

Ricardinho | @Ricardinho10Oficial

Le gusta a 452.074 personas

Seguido por 451.744 personas

ricardinho10 | @ricardinho10ofi

Seguidores | 129.255

Ricardinho10 | ricardinho10oficial

Seguidores | 769.000

https://www.youtube.com/user/Ricardinho10Oficial/videos

3.166 suscriptores

910.637 visualizaciones

Títulos

2017-2018 Inter Movistar

UEFA Futsal Cup - Copa UEFA Futsal

UEFA Futsal Euro 2018 - Portugal

Mejor jugador del UEFA Futsal Euro 2018 - Portugal

Máximo goleador del UEFA Futsal Euro 2018 - Portugal

Supercopa de España

Mejor jugador del mundo 2017

2016-2017 Inter Movistar

UEFA Futsal Cup - Copa UEFA Futsal

UEFA Futsal Cup - MVP

LNFS - Liga Nacional de Fútbol Sala

Copa de España

Mejor jugador del mundo 2016

FIFA Futsal World Cup - Bota de Oro, Portugal

2015-2016 Inter Movistar

LNFS - Liga Nacional de Fútbol Sala

Copa de España

Supercopa de España

Mejor jugador del mundo 2015

2014-2015 Inter Movistar

LNFS - Liga Nacional de Fútbol Sala

Copa del Rey

Mejor jugador de la LNFS

Mejor ala de la LNFS

Mejor jugador del mundo 2014

2013-2014 Inter Movistar

LNFS - Liga Nacional de Fútbol Sala

Copa de España

Mejor jugador de la Copa de España

Mejor jugador de la LNFS

Mejor ala de la LNFS

2012-2013 Nagoya Oceans

FLeague - Campeonato de Japón

2011-2012 Sport Lisboa e Benfica

Copa de Portugal

Campeonato Nacional de Portugal

2010-2011 Nagoya Oceans

FLeague - Campeonato de Japón

Arena Cup, Japón

Mejor jugador de la FLeague

Mejor jugador del mundo 2010

2009-2010 Sport Lisboa e Benfica

UEFA Futsal Cup - Copa UEFA Futsal

2008-2009 Sport Lisboa e Benfica

Supercopa de Portugal

Copa de Portugal

Campeonato Nacional

2007-2008 Sport Lisboa e Benfica

Campeonato Nacional

Mejor jugador del Campeonato Europeo - Portugal (Gondomar)

2006-2007 Sport Lisboa e Benfica

Supercopa de Portugal

Copa de Portugal

Campeonato Nacional

Mejor jugador del Campeonato Nacional

Máximo goleador del Campeonato Nacional

2005-2006 Sport Lisboa e Benfica

Supercopa de Portugal

2004-2005 Sport Lisboa e Benfica

Copa de Portugal

2003-2004 Sport Lisboa e Benfica

Campeonato Nacional

Finalista UEFA Futsal Cup

2002-2003 Miramar

Jugador revelación del Campeonato Nacional

Primera internacionalidad - Portugal

Capítulo 10
Lo que dicen de «Ricas»

Marcelo Rodrigues
Comentarista de fútbol sala
de Rede Globo/SporTV
y fan incondicional

Hablar de Ricardinho es fácil. Fácil porque es un genio, fácil porque es una persona normal, fácil porque es sencillo, fácil porque es el reflejo de todo lo que a cualquier amante de esta disciplina y a cualquier mortal que no sepa nada de ella enamora, con sus jugadas decisivas, con sus goles extraordinarios, con sus regate, con sus genialidades, con su espíritu.

Soy su fan incondicional porque le dio importancia al entretenimiento en nuestro deporte. Rompe paradigmas, no permite la monotonía, marca diferencias y nos brinda jugadas extraordinarias. Y hoy es el mejor jugador del mundo, por méritos propios.

Que Dios lo bendiga siempre. Doy gracias por poder verlo cada sábado en este deporte que abracé cuando tenía cinco años, por que ese amor permanece y se multiplica en los jóvenes del mundo entero. Porque da vida, ilusión y eternidad al "deporte del balón pesado".

Felicidades, muchas gracias por todo y que sigas siendo durante muchos años quien multiplique la genialidad en el fútbol sala.

Como decimos en Brasil: «Você é o cara!!!» [¡Eres la leche!]

Sandra Santiago
Comunicación y Marketing
Editora Internacional

Lo más emocionante cuando te dedicas a parar el tiempo en imágenes es que nunca eres capaz de imaginar lo importante que puede llegar a ser una fotografía.

Pero tengo que confesar que en ese momento era consciente de que aquel instante decisivo formaría parte de la historia de un club y de la carrera deportiva de Ricardinho.

Me acuerdo de que, mientras tomaba fotografías sin parar, décimas de segundo después del gol, solo conseguía gritar de emoción al mismo tiempo que encuadraba la imagen en mi visor y deseaba que Ricardinho parase a una distancia perfecta para que mi cámara lo enfocase.

Podía decir que estábamos sincronizados, pero sé que no fue así y que todo fue parte del espectáculo y de la naturalidad de un gran momento, de ese gol decisivo.

No tardé mucho en enviar la imagen a mis compañeros para que la publicaran y empezaran a divulgarla por todas partes. Aún hoy se publica y puedo decir con orgullo que soy feliz por haber estado en ese preciso momento delante de Ricar. Y que estamos ambos agradecidos. Gracias, Cari.

Pedro Catita
«Amigo del fútbol sala»

Hablar de Ricardinho es fácil, muy fácil. Por las muchas cualidades que tiene, personales y deportivas, es y será uno de los mejores jugadores de fútbol sala de la historia. Y será uno de los mejores deportistas portugueses de siempre. ¡De siempre! Es una «marca», es la diferencia, es magia, es mágico, es competición, es jugar, es ganar, es solución individual y colectiva, es orgullo, es embajador, es bandera, es único, es enorme. Ejemplo y ejemplar. Yo puedo decir, con una sonrisa de oreja a oreja, que viví la «era Ricardinho». Gracias, muchas gracias.

Adil Amarante
Entrenador

«Al hablar de genios y, en especial, del Mago, yo, que conozco un poco la historia de su vida, del jugador y del amigo, puedo aventurarme a afirmar que esa genialidad viene de la determinación, del esfuerzo y de la gran dedicación para llegar a convertirse en el mejor del mundo.

Y me siento un privilegiado y extremadamente orgulloso por haber estado presente en algunos momentos de su carrera. En esas seis temporadas en las que trabajamos juntos, su nivel de exigencia con la calidad del trabajo, para ser cada vez mejor, me hizo crecer también como profesional. Me siento feliz de haber formado parte de su historia.

Zé Maria
Internacional por Portugal
y exjugador del SL Benfica

Hablar de «Ricas» en este momento es un motivo de gran orgullo, pues estamos hablando del mejor jugador del mundo. Aún me acuerdo de cuando llegó al Benfica con diecisiete años, ya con un talento por encima de la media. Tuve el placer de ayudarle, y mucho, y siempre le dije que iba a ser el mejor del mundo. Fue un privilegio enorme compartir vestuario con él. Hoy siento mucho orgullo de ver dónde ha llegado y de sus conquistas. Para mí, «Ricas», más que un amigo, es un hermano.

Marquinhos Xavier
Entrenador del Carlos Barbosa
y seleccionador brasileño

Sería simple si no fuera tan perfecto. Seguiré trabajando para, algún día, ser capaz de definir a Ricardinho y su papel en el fútbol sala. Por ahora, solo le doy las gracias por existir y por darnos la oportunidad de disfrutar de su talento. Ricardinho es fútbol sala de la cabeza a los pies.

Ivan Dias
Internacional portugués

Cuando yo jugaba en el Miramar Futsal Clube con el equipo sénior, apareció por allí un chico de unos quince años. Era un muchacho audaz, que jugaba en el equipo más joven, con los cadetes, pero que ya impresionaba a todos, pues era el único que en aquel momento también destacaba como para ir convocado y jugar en una categoría superior, con el equipo júnior.

Lo más sorprendente llegó con el paso del tiempo, cuando empezamos a reparar en que aquel muchacho, después de acabar los entrenamientos, se quedaba solo entrenando y perfeccionando todo lo que había aprendido. Se veía en él una fuerza de voluntad enorme, que no se observaba en ningún otro jugador.

Con el paso de los entrenamientos, vimos a un muchacho atento, dedicado, muy curioso, que siempre quería aprender más y más. Tenía sed de aprender, de saber cómo se hacían todos esos movimientos, preguntaba qué podía hacer para mejorar y no le importaba quedarse después del entrenamiento con nosotros para aprender otras cosas. Esas muestras de determinación, junto con su trabajo duro, hicieron que nos diéramos cuenta de que podría llegar a ser uno de los mejores jugadores.

Gracias a su esfuerzo, hoy tenemos al tan famoso Ricardinho, el mejor jugador del mundo, que nos sorprendió a todos positivamente al alcanzar un nivel que casi nadie imaginaría. Estoy muy orgulloso de decir que tuve el placer de compartir el mismo vestuario con él y que, además de eso, pude ayudarlo en el inicio de su carrera, formando así parte de su crecimiento como jugador.

Que siga así, representando a nuestro deporte y a nuestro país al más alto nivel. Un abrazo.

Alessandro Rosa Vieira, «Falcão»
Internacional brasileño, mejor jugador del mundo en 2004, 2008, 2011 y 2012

En mi caso particular, Ricardinho es un ejemplo.

Es alguien con la alegría de jugar, alguien que siempre prestó atención a mis entrevistas, a mi forma de jugar, alguien que supo ver que era importante jugar bonito, ganar y marcar goles.

Ricardinho ha vivido una gran evolución. Yo, ya con cuarenta y un años, estoy cerca de retirarme, pero él aún es joven, con años por delante. Con toda seguridad, del mismo modo que yo lo inspiré a él, Ricardinho va a servir de inspiración para otros, y esperemos que aparezcan otros jugadores con nuestras características.

Estoy muy feliz, lo felicito por todo lo que ha hecho por el fútbol sala. Ojalá lleguen más y más Falcãos y más y más Ricardinhos.

André Lima
Entrenador y exinternacional portugués

Para mí es fácil hablar de Ricardinho; yo soy incluso sospechoso, porque lo vi crecer como jugador y como hombre. Con diecisiete años llegó al Benfica y vivimos juntos algunos años.

Cuando lo vi jugar por primera vez en el viejo Miramar, enseguida me di cuenta de que estaba delante de un jugador diferente, rápido, muy técnico y valiente dentro del campo.

En el tiempo que compartimos, lo único que le dije fue que entrenara siempre mucho. Y hoy, debe mucho de lo que es a su forma de entrenar. A él siempre le gustó entrenar fuerte y siempre exigió a los demás que lo hicieran.

Cuando me contó que se iba a Japón, le dije que no era su lugar. Le dije que solo sería considerado el mejor cuando jugara donde juega ahora, en España.

Merece lo que tiene porque ha trabajado y trabaja mucho para conseguirlo.

Gustavo A. Muñana
Periodista de la LNFS
y de Eurosport España

La llegada de Ricardinho al Inter Movistar creó una tormenta perfecta en la Liga Nacional de Fútbol Sala (LNFS). Un jugador en plena madurez con unas ganas enormes de enfrentarse a nuevos desafíos y de hacer historia llegó en el momento adecuado al lugar adecuado. Lo hizo justo cuando su club necesitaba una estrella y cuando la LNFS precisaba de un ídolo de masas que estuviera a la altura de otras leyendas como Celso, Carosini, Paulo Roberto, Daniel, Kike, Lenísio, Schumacher o Marquinho; alguien con la capacidad de proyectar este deporte en los medios de comunicación más importantes.

Este chico portugués, figura principal del fútbol sala actual, encontró el ambiente adecuado en ese club madrileño, así como el entrenador adecuado y el escenario perfecto en la mejor liga del mundo, para convertirse en un icono de nuestro deporte, recuperando la grandeza del equipo más laureado de Europa. Sus jugadas y sus goles se han convertido en virales en todas las redes sociales del planeta.

Nunca sabremos cómo habría sido su recorrido si hubiera venido antes para derribar los prejuicios sobre su forma de jugar espectacular.

Pregunté muchas veces a los técnicos y dirigentes que dudaban del mejor jugador del mundo, porque decían que tenía demasiada fantasía y magia en los pies (precisamente lo que más falta hace en un deporte tan esclavizado por la técnica). La respuesta ha llegado a lo largo de los años, en los que el Mago ha demostrado que, además de su talento innato, ha sido capaz de armonizar todos los elementos del juego y de convertirse en un jugador completo, como le decía siempre el mítico Zego. Y todo sin perder ni una pizca de su espectacularidad.

Además, si a su magia le añadimos la humildad y la naturalidad con que el «10» luso asumió su papel de embajador en los medios, devolviendo con respeto, cercanía y cariño todas las muestras de admiración que recibe de los aficionados que llenan los pabellones donde juega, solo me queda agradecerle que haya sido una pieza clave en la estrategia de *fan engagement* del Inter Movistar y de la LNFSS.

Alípio Matos
Directivo y exentrenador

Hablar sobre Ricardinho es hablar de un joven que tenía y tiene un don especial. Un joven al que tuve el privilegio de entrenar en el Benfica, cuando fui su primer entrenador en el club. Lo traje del Miramar cuando tenía unos diecisiete años, si no recuerdo mal. Me acuerdo de verlo en el Benfica, de intentar motivarlo y hacer que creyera en sí mismo. En su primer año como sénior, por ejemplo, el Benfica había sido campeón y llegó a la final de la UEFA Cup, y Ricardo fue un jugador muy utilizado. Era el mejor jugador de un plantel muy fuerte, y solo tenía dieciocho años.

Por otro lado, para él, fue un gran aprendizaje y un periodo difícil en su vida. Debido a lo lejos que estaba de su casa, de su familia y de sus amigos, por culpa de la nostalgia y de otra serie de factores, deseó dejarlo todo. En ese momento, habló conmigo y me dijo que no aguantaba y que quería marcharse. Yo solo le dije una cosa, que creo que se le quedó grabada: «Puedes marcharte, pero cometerás el mayor error de tu vida. Tú aquí serás un ídolo, estás creciendo y estás en el club adecuado. De aquí a poco tiempo, serás el ídolo de toda esta gente, del Benfica y no solo del Benfica...»

Le dije que podía irse, que él conocía mejor su vida y que, en mi equipo, no quería jugadores que estuvieran a disgusto..., pero le pedí que no lo hiciera. Acabó quedándose. Después siempre creció, siempre mejoró y siempre se superó. Además de su talento natural, estamos ante un superprofesional. Nunca ha olvidado que tenía que trabajar mucho. Siempre trabajó más que los demás. Era el primero en llegar y el último en marcharse, se quedaba entrenando solo, iba al gimnasio, se cuidaba muchísimo. Empezó a ser un gran profesional desde muy joven, muy maduro desde muy pronto. Y comprendió que tener talento no le bastaría para alcanzar el nivel que ansiaba. En mi opinión, hace muchos años que es el mejor del mundo. No ha sido solo el mejor del mundo cinco veces. Para mí, es el mejor desde el momento en que Falcão llegó a los treinta años y él solo tenía veintidós. Lleva diez años siendo el mejor del mundo...

Miguel Mota
Entrenador y exinternacional por Portugal

Ricardo fue bendecido con un don, y él lo aprovechó, y mucho, porque es una persona humilde y trabajadora. Lleva la superación diaria en los genes. Puedo decir con alegría que yo vi jugar a Ricardinho.

Pedro Mendonça
Periodista en Sport TV

Más que el mejor jugador que he visto, Ricardo es un ser especial con el que tengo el privilegio de haber compartido algunos episodios de la vida. La magia viene de dentro, de la raíz, viene de la familia y de ese corazón enorme.

Y acuérdate de lo que un día hablamos: por cada lágrima, dos sonrisas. Gracias, campeón.

Arnaldo Pereira
Exinternacional por Portugal

Acompañé la evolución de Ricardinho desde que se convirtió en profesional con diecisiete años, pues compartíamos casa cuando vino a Lisboa a jugar en el Benfica. Entonces trabamos una amistad que se mantiene.

En ese momento, lejos de imaginar el gran jugador que llegaría a ser, debido a su edad, era más bien un futbolista juguetón, pero ya se intuía el fuera de serie que era con el balón en los pies. La edad y la experiencia hicieron que evolucionara hasta llegar a ser considerado el mejor jugador del mundo cinco veces.

Y tengo la seguridad de que su deseo siempre fue unir, a todos los títulos individuales y colectivos que ha ganado con sus clubes, un título con la selección nacional.

Para mí es un orgullo ser su amigo y haber compartido con él casa, vestuario y canchas.

Ortiz
Jugador y capitán del equipo
Inter Movistar

Es un genio, uno de esos jugadores que tienen estrella, que piden la pelota cuando todo va mal. Un jugador elegido para marcar una época.

Me acuerdo perfectamente de cuando llegó a España, en un momento en el que el club no pasaba por su mejor época, en el que se intentaba de todo pero cuando no se acertaba con nada. Pero él y Jesús Velasco nos mostraron el camino.

Apareció para revolucionarlo todo: la liga, el club y hasta la forma de entender el fútbol sala. Ahora, todos los niños quieren imitar sus acrobacias imposibles con las que nos sorprende cada día, a nosotros que tenemos la suerte de jugar con él.

¿Qué puedo decir más de Ricar? Se convirtió en un compañero y camarada, pero, por encima de todo, en un gran amigo.

Orlando Duarte
Entrenador y exseleccionador
de Portugal

Hablar sobre Ricardinho es hablar acerca de alguien con una enorme dimensión humana. Para eso, es necesario conocerlo, conocer su historia y las necesidades que pasó. Es un ejemplo, en el fútbol sala y en la vida. Nació con un don extraordinario. Siempre quiso ser mejor cada día que pasaba y pasa. Lo admiro, no solo por el extraordinario jugador que es, sino por el gran hombre que ha sido a lo largo de una vida que a veces lo trató, más que como una madre, como una madrastra.

Le deseo lo mejor: salud, éxito y que siga transmitiendo a los más jóvenes los valores de los que he hablado anteriormente. ¡Un abrazo muy fuerte!

Carolina Silva
Primera entrenadora
de Ricardinh

Me acuerdo del día en que te dije que ibas a ser el futuro «hombre del fútbol sala». Tu talento era evidente, pero tu trabajo, dedicación, persistencia, capacidad de sacrificio y humildad fueron la combinación perfecta para convertirte en el mejor.

Chicho
Preparador físico
del Inter Movistar

Si metes en un procesador intensidad, explosividad, técnica, compañerismo, humildad, competitividad y unas pequeñas gotas de diablura, el resultado es Ricardinho.

Joaquim Brito
Entrenador

Hablar de Ricardinho es muy fácil, no solo por sus cualidades, sino principalmente por lo que lo diferencia de otros jugadores.

Es el mejor del mundo porque tiene una «ventaja» en relación con los demás jugadores: piensa mucho más rápido que los otros. Además, a esa gran ventaja, se suma su calidad técnica. Estas dos grandes características, unidas a su humildad, lo convierten en una superestrella. En mi opinión, es el mejor jugador de la historia de nuestro deporte.

Ricardo, a mí me gusta el fútbol sala. Gracias por deleitar a las personas que están en casa pegadas a las pantallas y a los que dan por bien empleado el tiempo que pasan en los pabellones.

Gracias por existir.